中等职业学校示范校建设成果教材

办公文员岗位实训

主　编　刘先玉　靖宽琼

副主编　代成艳　刘怀宇　李常飞

参　编　罗仁家　周裕梅　赵小林　王海平

刘宇好　陈春容　唐　静

机械工业出版社

本书是根据“中等职业学校计算机应用基础教学大纲”对培养学生的目标与要求编写的，突出职业教育特色，以“项目导向、任务驱动”教学模式，注重学生实践技能的培养和知识结构的拓展。本书包括四个实训模块，将计算机基础知识与办公文员岗位紧密结合，模拟办公文员岗位，让学生充分了解办公文员的岗位性质、岗位职责、岗位素养和工作内容，进一步掌握计算机基础知识在办公文员岗位工作中的具体应用，帮助学生巩固和强化计算机应用基础知识，提升学生的计算机办公应用能力。

本书可作为中等职业学校“计算机应用基础”课程的教材，也可作为财经商贸类专业学生计算机应用基础实训用书。

图书在版编目（CIP）数据

办公文员岗位实训/刘先玉，靖宽琼主编．—北京：机械工业出版社，2018.12（2021.8 重印）
中等职业学校示范校建设成果教材
ISBN 978-7-111-61412-8

Ⅰ.①办… Ⅱ.①刘… ②靖… Ⅲ.①办公室工作—中等专业学校—教材 Ⅳ.①C931.4

中国版本图书馆 CIP 数据核字（2018）第 260977 号

机械工业出版社（北京市百万庄大街 22 号　邮政编码 100037）
策划编辑：李　兴　责任编辑：李　兴　徐　进
责任校对：李　杉　封面设计：路恩中
责任印制：郜　敏
北京富资园科技发展有限公司印刷
2021 年 8 月第 1 版第 2 次印刷
184mm×260mm · 8.5 印张 · 204 千字
标准书号：ISBN 978-7-111-61412-8
定价：30.00 元

电话服务
客服电话：010-88361066
010-88379833
010-68326294

网络服务
机　工　官　网：www.cmpbook.com
机　工　官　博：weibo.com/cmp1952
金　　书　　网：www.golden-book.com
机工教育服务网：www.cmpedu.com

封底无防伪标均为盗版

本书将计算机基础知识与办公文员岗位紧密结合，模拟办公文员岗位，让学生充分了解办公文员的岗位性质、岗位职责、岗位素养和工作内容，进一步掌握计算机基础知识在办公文员岗位工作中的具体应用。本书是根据“中等职业学校计算机应用基础教学大纲”对培养学生的目标与要求编写的，突出职业教育特色，以“项目导向、任务驱动”教学模式，注重学生实践技能的培养和知识结构的拓展。

本书包括四个实训模块，各个实训由多个任务组成，每个任务又包括实训目标和实训任务。实训目标旨在告诉学生完成实训任务需要掌握的知识要点；实训任务则是通过模拟办公文员岗位，导出操作任务，通过“做中学、做中教”的方式，帮助学生巩固和强化计算机应用基础知识，提升学生的计算机办公应用能力。

参加本书编写的人员都是担任计算机应用基础教学工作多年的教师，本书是编者多年教学经验的总结。我们衷心希望本书能为促进学生就业，提高学生办公应用能力尽一点微薄的力量。本书由刘先玉、靖宽琼担任主编并统稿，代成艳、刘怀宇、李常飞担任副主编。具体编写分工为：模块 1 由罗仁家、周裕梅编写，模块 2 由代成艳、靖宽琼、陈春容编写，模块 3 由刘怀宇、刘先玉、唐静编写，模块 4 由李常飞、赵小林编写，模块 5 由王海平、刘宇好编写。此外，本书能够顺利成稿，还要感谢重庆财政学校各级领导的大力支持及相关专业同仁的无私帮助。

本书还配备了教学资源库，提供了丰富的实训操作案例和教学课件资源，选用本书作为教材的教师，可以登录机械工业出版社教育服务网（www. cmpedu. com）注册后免费获取相关配套资源。

由于编者水平有限，书中难免有不足之处，敬请各位读者批评指正。

编　者

目　录

前言
模块 1　办公室文员岗位概述 …… 1
模块 2　WORD 办公应用实例 …… 16
任务 1　书写求职信 …… 16
任务 2　制作个人简历 …… 18
任务 3　制作个人简历封面 …… 20
任务 4　制作来电记录单和来宾登记表 …… 23
任务 5　制作事务所组织结构图 …… 25
任务 6　公文排版 …… 28
任务 7　制作会议指南 …… 30
任务 8　制作邀请函 …… 31
任务 9　批量打印信封 …… 34
任务 10　制作招聘海报 …… 39
模块 3　EXCEL 办公应用实例 …… 49
任务 1　创建数据表 …… 49
任务 2　数据表的处理 …… 56
任务 3　掌握 EXCEL 常用函数 …… 60
任务 4　制作个人简历 …… 67
任务 5　制作工作备忘录 …… 69
任务 6　制作考勤签到表 …… 71
任务 7　制作现金日记账 …… 75
任务 8　制作记账凭证 …… 83
任务 9　制作工资表 …… 89
任务 10　制作资产负债表 …… 91
模块 4　PowerPoint 办公应用实例 …… 94
任务 1　制作“自我展示”演示文稿 …… 94
任务 2　设计与制作“岗前培训”演示文稿 …… 96

任务 3　设计与制作“产品介绍演示”文稿 …… 100
任务 4　设计与制作“年终总结”演示文稿 …… 102
任务 5　设计与制作“重庆非去不可”演示文稿 …… 105
模块 5　常见应用文写作 …… 109
任务 1　书写通知 …… 109
任务 2　书写会议记录 …… 111
任务 3　策划活动方案 …… 114
任务 4　拟写劳动合同 …… 117
任务 5　拟订计划 …… 121
任务 6　书写总结 …… 123
任务 7　书写条据 …… 125
参考文献 …… 129

模块1 办公室文员岗位概述

一、办公室工作认知

办公室是一个单位的综合管理部门，是领导的参谋助手，综合承接上级部门指示和下级各单位的请示、报告，综合协调处理行政事务，督查领导决策和各项政策的贯彻落实以及重要工作的完成。办公室是一个单位运转的中枢，是领导和各职能部门的中介，在各单位中处于中心地位，既是各职能部门协调联系的纽带，又是政策指令和各种信息的交汇点和集散地；办公室是单位的窗口和总出入口，负责本单位与政府、行业管理部门及其他有关部门和兄弟单位的联系应对，接待上级的视察和兄弟单位的参观访问，接收处理上级部门和兄弟单位的来文来函，处理各种公务往来，接待群众来访等，如图1-1所示。因此，办公室工作具有以下主要特点：

图1-1 办公室工作

1. 从属性

办公室工作是从属于党政各级领导，并为他们的工作服务的。

2. 事务性

办公室工作绝大多数都是很具体的工作，接电话、办事、迎来送往、处理文件、会议、收发，还有一些想不到的其他事情，很琐碎，也很繁杂。

3. 被动性

办公室工作常常是来了文件处理文件，来了电话接电话，领导叫办什么事就办什么事，在大多数情况下，工作是被动的。但办公室工作人员要想办法，要预测，要超前，要有条件准备和方案，要发挥主观能动性，这样才能主动应付各种情况的发生。

4. 信息工作

办公室是单位的工作枢纽，其位置决定了它势必成为联系上下左右、沟通四面八方的信息集散地，这就为办公室承担信息工作创造了条件。办公室要发挥“参谋助手”作用，必须认真抓好信息工作，可以说信息是领导决策的基础和依据，是帮助领导实现科学管理的条件，是沟通领导与各方面联系的纽带，是办公室工作人员发挥参谋作用的基础。信息工作主要包括为领导决策提供信息服务，把决策信息及时准确地传递下去，并提供反馈信息，办公室的参谋助手作用，在很大程度上是通过向领导机关和领导同志提供信息实现的。

5. 协调工作

办公室工作是领导的参谋助手，始终处于承上启下、联系左右、沟通内外的主体交叉中心，直接处理一些协调工作，或经领导授意去协调解决各种问题，即协调上下、左右的关系，使之步调一致，保证上级领导机关的意图和决策得以顺利贯彻执行。办公室的协调功能在多数情况下，体现在理顺各种关系、增强机关合力上。办公室的协调工作做得如何，直接关系到工作效率的高低，协调工作做好了可以及时解决工作中大量的矛盾和防止扯皮现象，这是保障机关部门正常运转、提高工作效率的重要手段。

6. 公关工作

在制定一项政策之前，领导会通过各种渠道广泛地听取公众的意见。办公室工作人员应通过各种渠道，搜集各种意见和要求，并将其分析加工，作为制定政策的参考材料。

7. 信访工作

受理本地区、本系统和上级领导机关的来信来访问题，及时向有关部门反映，并提出解决问题的建议，按照分级负责、归口办理的原则，向有关地区、部门和单位交办来信来访的问题，并负责督促、检查，直到解决为止。

8. 查办工作

对于领导专门批示或特别交办的事项进行催办落实，主要包括重要文件和领导批示落实情况的催办，群众反映重大问题的查办，重要工作部署的催查落实。

9. 会务工作

一般会务有三步工作：会前准备，包括安排议题、拟定与会人员的范围或名单、发会议通知、准备会议文件、布置会场及拟定会议的议程。会中组织，做好会议签到工作、掌握会议进展情况、做好上下联络工作及做好会议中文字工作。会后要妥善处理好有关事宜、编写会议纪要、草拟会议报告及整理会议档案。

10. 公文处理

公文处理是机关行政管理的重要组成部分，具有较强的政策性、业务性和技术性。机关中建立起健全的公文处理制度有助于各项工作的条理化和精简化，有助于提高行政效率。要完

成公文处理的任务，必须坚持“准确、及时、安全、统一”的要求。

11. 档案工作

档案工作包括档案的收集、鉴定、整理、保管、统计和提供查阅服务。办公室工作人员必须建立健全文件材料的归档制度，编制较稳定的分类方案，制定档案保管期限表。

二、现代办公室文员

1. 现代文员

现代文员是社会主义建设所需要的德、智、体全面发展并能适应市场经济需要的，具有较高文化素养和较强实际工作能力的应用型专门人才，如图1-2所示。他们具有较扎实的文化素养，掌握了本专业所必需的理论知识和基本技能，具有较好的文字工作能力和计算机及网络使用能力，能运用专业知识和技能从事实际工作，具有较强的分析问题、解决问题的能力，具备相当的组织管理能力，协调能力，具有一定的外语水平，能借助工具书查阅有关外文资料，有简单的外语会话交流能力。

图1-2 现代文员工作

2. 文员工作分类

根据具体工作岗位会有不同工作类型的文员，常见的有行政文员、人事文员、办公室文员、统计文员、销售文员等。根据文员所在公司的大小和性质不同，文员的工作也会有所差异。

(1)行政文员主要工作主要是处理日常文件、整理档案。如果公司没有客服的话，文员可能还要承担客服的工作。打印机、复印机是文员日常工作中最为常用的办公设备，因此要想胜任办公文员工作，我们必须熟练掌握基本操作及简单故障排除的技能，如图1-3所示。

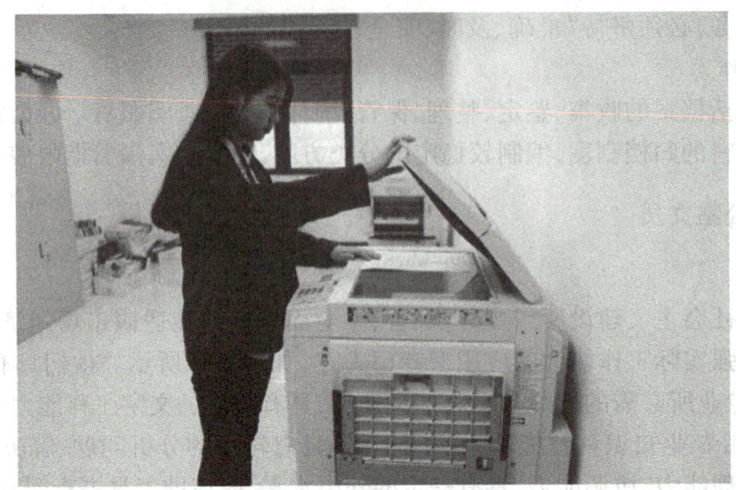

图 1-3　行政文员工作实景

(2)人事文员主要的工作就是记录公司员工的出勤情况,根据公司的招聘计划发布招聘广告,每天对应聘信息进行筛选,然后给符合条件的人员打电话,预约面试和考核事宜。

(3)文案文员的具体工作类似于秘书和经理助理,主要工作就是起草文件、合同、规章制度。这个工作需要具备比较好的文字功底。不过一般公司都会备一些此内容的模板,具体对你的中文有没有要求需看具体情况,如图 1-4 所示。

图 1-4　文案文员工作实景

(4)档案文员的工作性质和文案文员相似,主要工作是对档案进行整理、归类,然后将这些档案的标号录入到系统中,待有人需要使用档案的时候负责查找,并在使用完毕后进行归档和整理。

(5)销售文员的基本工作就是销售合同的起草、打印,销售宣传用品的整理、打印、存放,有时还需要销售文员学习具体的商品知识,以便更好地对接、支持营销部门的工作。

(6)统计文员在工厂中比较常见,这类文员需要统计消耗多少原料、产出多少产品、损耗多少原料,需要补进多少原料,需要记录下来。

三、现代文员的基本技能

1. 良好的文字处理能力

文员的工作性质会涉及大量文档的处理、写作等。具备良好的文字处理能力，熟悉各种公文（会议纪要、通知、报告等）写作，可以让自己的工作更有效率，同时也是提升自己工作能力的一大法宝，如图1-5所示。

图1-5 现代文员工作实景

2. 优秀的计算机操作能力

文员从事办公室工作需要具备的专业知识和技能，并不断学习提高、充分掌握，才能适应和完成办公室工作任务，特别是要熟练掌握各种办公软件的应用，具有优秀的计算机操作能力，以适应现代化办公场景，提升办公自动化程度。

3. 熟练操作办公设备

文员的工作经常需要打印一些文件，一名合格的文员要熟练操作各类办公自动化设备，例如打印机、复印机、扫描仪、传真机、刻录机、考勤机等。

4. 良好的沟通能力

沟通能力是每一个上班族必备的技能，对于办公室文员尤为重要。作为基层员工，文员一定要正确领会领导的意思并将工作处理准确到位。同时，文员接听电话的时间也比较多，良好的沟通能力是非常重要的。

四、办公文员常用礼仪

礼仪是指在人际交往中，以约定俗成的程序方式来表现的律已、敬人的完整行为。它注重交往中的规范性、对象性、技巧性。由于办公室工作岗位的特殊性，办公文员除了具备以上基本技能外，还应该掌握办公文员岗位的常用礼仪知识。

1. 仪态仪表礼仪

（1）修饰：男性文员应修剪胡须，保持面部干净整洁，头发长不覆额、侧不掩耳、后不触领。

女性文员淡妆上岗，修饰文雅，且与年龄、身份相符。工作时间不要当众化妆。注意讲究公共卫生，上班前不应吃带有刺激性气味的食物，避免口腔异味。

(2)着装：员工应统一着公司西服套装工作服，显示良好的团队精神。服装应完好、无污渍，扣子齐全，不漏扣、错扣。男士打好领带，配穿皮鞋，上衣袋不装东西，裤袋少装东西，并做到不挽袖口和裤脚。

(3)举止规范：工作时注意力集中，展现良好的精神状态，无疲劳状、忧郁状和不满状。避免在客户面前打哈欠、伸懒腰、打喷嚏、挖耳朵等，实在难以控制时应侧面回避。与领导、客人交谈时，要神态专注、表情自然、表达得体，不得背手、袖手、抱手或抄手，不要左右晃动和抓耳挠腮。

1)站姿：抬头，颈挺直，下颌微收，双肩放松，两腿并拢立直，脚尖分开呈“V”字状。身体重量平均分布在两条腿上。女士双手交搭贴于腹部，挺胸、收腹。给人以挺拔向上、庄重大方、精力充沛的印象。

2)行姿：行走时步履应自然、轻盈、敏捷、稳健。上身正直，眼平视，挺胸收腹立腰，重心前倾，双肩平稳，不宜左顾右盼，左右摇晃。集体出行时，不得喧笑打闹。

3)坐姿：入座时要轻稳，走到座位前，转身后退，轻稳坐下。女士裙装入座时，应先将裙向前收拢一下再坐下。腰背挺直，两臂自然弯曲放在膝上，双腿并拢。起立时，右脚向后收半步而后站立。

4)蹲姿：女士下蹲不要翘臀，上身直，略低头，双腿靠紧，曲膝下蹲，起身时应保持原样，特别是穿短裙下蹲时更不要翘臀。

2. 见面礼仪

(1)握手：通常年长(尊)者先伸手后，另一方及时呼应。来访时，主人先伸手以表示欢迎。告辞时，待客人先伸手后，主人再相握。握手的力度以不握疼对方的手为限度。初次见面时，时间一般控制在3秒钟内。

(2)介绍：介绍时应把身份、地位较低的一方介绍给相对较高的一方。介绍时陈述的时间宜短不宜长，内容宜简不宜繁，同时避免给任何一方厚此薄彼的感觉。

(3)致意：通常在各种场合用举手、点头、欠身、脱帽等方式向相识的人打招呼，表达问候之意。

3. 谈话礼仪

人际交往中应随时注意使用礼貌用语，是谈话中的基本要求。

(1)问候：根据彼此的关系问候“您好!”“你好”“早上好”“晚安”等，初次相识可说：“您好，见到您很高兴。”

(2)道歉：做了不应该做的事，应及时道歉“对不起，实在抱歉”“真过意不去”“真是失礼了”。或者是不经意打扰别人应说“对不起，打扰了”“对不起，打断一下”等。

(3)应答：“您不必客气”“没关系，这是我应该做的”“照顾不周，请多指正”。

(4)慰问：“您辛苦了”“让您受累了”“给你们添麻烦了”。

4. 迎送接待礼仪

(1)接站：对远道而来的客人，要做好接站工作，掌握客人到达的时间，保证提前迎候，接站时，准备迎客牌，并在客人到达时高举，以便客人辨认。

(2)会面：客人到达，应主动迎接，热情打招呼。如果是长者或身体不太好的应上前搀扶，客人手中提有重物应主动接过来。

(3)入室:陪客者应走在客人的左边,或走在主陪人员和客人的身后,到达会客室门口,应打开门,让客人先进,并把客人介绍给在场的有关人员。

(4)送客:按照接待时的规格对等送别。离开时,应与客人热情话别。

5. 表情仪态

表情是人的思想感情和内在情绪的外露。脸部则是人体中最能传情达意的部位,可以表现出喜、怒、哀、乐、忧、思等各种复杂的思想感情。我们应该运用好表情来传达信息。

(1)待人热情诚恳,不献媚讨好,不挤眉弄眼,不卑不亢。

(2)兴高采烈而不欣喜若狂,不大呼小叫、手舞足蹈。

(3)表示厌恶时也不要伤别人的面子,避免脸色难看。

(4)遇到烦恼、气愤之事,不忙于动怒悲伤,应控制情绪,让自己首先平静下来。

(5)冷若冰霜的表情相当于拒人千里之外,应通过发自内心的关心和热情来促成双方的沟通与合作。

(6)善于运用微笑,微笑能使人的关系融洽,矛盾缓解。

6. 手势仪态

手是体态语中最重要的传播媒介,如招手、挥手、摆手、握手等都表示不同的意义。人在紧张、兴奋、焦急时,手都会有意无意地表现着。作为仪态的重要组成部分,我们应该正确地使用手势。

(1)谈话时,手势不宜过多,动作不宜过大,更不能手舞足蹈。传达信息时,手应保持静态,给人稳重之感。

(2)拍拍打打、推推搡搡,抚摸对方或勾肩搭背,依偎在别人的身体上等行为,会让别人反感,也是不符合礼仪的行为。

(3)不能用食指指点别人,更不要用姆指指自己。说到自己时,可以把手掌放在胸口上;说到别人时,一般应用掌心向上,手指并拢伸展开进行表示。

7. 递接物品

(1)尽量用双手递接物品,以表示对对方的尊重。

(2)递尖锐或有危险的物品,尽量把尖部、危险部位朝向自己,把安全的一侧递给他人。

8. 拜访礼节

(1)先预约,然后以准确的时间拜访。

(2)出访前修饰自身的仪表仪容。

(3)无论门是开的还是关的,都应轻声敲门,经允许方可进入。

(4)问候及自我介绍:进门后应该说“您好”“各位好”或者点头致意,进行自我介绍并向接待人递名片,请求与安排会见者见面。

(5)初次见面要自我介绍,并主动提及会面事宜,说明来意。

(6)谢座后,应有必要的寒暄,然后切入正题。

(7)谈话内容简单明了,时间不宜过长,以免影响他人工作。

(8)恰到好处地告辞。

9. 用餐礼仪

(1)用餐前,服务员送上的热湿毛巾作为擦嘴角、双手用的,用它擦脸和脖子等都是失礼的。

(2)用餐时,用餐巾纸擦拭餐具,是对主人不尊重的表现。

(3)喝汤时,中餐放下筷子,西餐放下刀叉,用汤匙喝,不要把碗端起来喝。

(4)用餐时不能边说边用筷子指指点点或乱翻菜肴。

(5)用餐或喝汤时应闭嘴咀嚼,不要发出咀嚼、喝汤的声音。

(6)吃到骨、刺时,不要直接外吐,应用餐巾或手掩口,取出放在骨碟里。

(7)剔牙应以手遮口,用牙签剔齿缝,不能把方便筷弄断剔牙。

(8)餐桌上放着盛玫瑰花或柠檬片的小杯水,是用手取食物前,蘸洗手指用的,切忌当作饮料喝掉。

(9)如果不会喝酒的客人,当主人或服务员为其斟酒时,应用手指轻敲酒杯边缘以示谢绝,不能将酒杯倒置。

(10)强行劝酒或把喝在嘴里的酒再吐出来,都是失态无礼的表现。

10. 电话礼仪

电话已成了人们生活、交往不可缺少的组成部分。人们在利用现代通信工具时,应注意以下几点内容:

(1)无论打电话还是接电话都应使用礼貌用语。

(2)选择适当时间通话。无紧急情况,应在白天8点以后(假日9点以后),夜间22点以前通话,以免打扰他人休息。

(3)通话内容应事先想好,尽量简单扼要。吐字清晰,音量适中,重点内容应重复,必要时应记录下来。

(4)如果打错电话应向对方道歉,如果接到错误的电话应向对方耐心解释。

(5)接听他人电话时,无论是找人或转告事宜的,都应及时、认真去做。

(6)不要用办公室电话办私事、唠私嗑,长时间占用办公电话。

(7)打移动电话要注意周围环境和场合,声音不要太大,避免防碍他人。

(8)请爱护电话,按操作规程打接电话,放置话筒。

(9)不要随意借用别人的手机打电话或打长途电话。

(10)阅览室、剧场、音乐厅、会议室、法庭、课堂等场合不宜用手机通话,以免干扰别人。

11. 会务礼仪

(1)会议准备:正式、规范的会议离不开各种辅助器材,在会议召开之前,就应该把各种辅助器材准备妥当。

1)桌椅、名牌、茶水:桌椅是最基本的设备,可以根据会议的需要摆成圆桌型或报告型。如果参加会议的人数较多,一般应采用报告型,不需要准备座位牌,如果参加会议的人比较少,一般采用圆桌型,并且要制作座位牌,即名牌,让与会人员方便就座。会议上的茶水饮料最好用矿泉水,因为每个人的口味不一样,有的人喜欢喝茶,有的人喜欢喝饮料,还有的人喜欢喝咖啡,所以如果没有特别的要求,矿泉水是最能让每个人都接受的选择,如图1-6所示。

2)签到簿、名册、会议议程:签到簿的作用是帮助会议组织者了解到会人员的多少,分别是谁,一方面使会议组织者能够查明是否有人缺席,另一方面能够使会议组织者根据签到簿安排下一步的工作,比如就餐、住宿等。印刷名册可以方便与会人员尽快地掌握各位参加会议的人员的相关资料,加深了解,彼此熟悉。会议礼仪实景如图1-7所示。

图 1-6 会议准备实景

3)黑板、白板、笔:在有的场合,与会人员需要在黑板或者白板上写字或画图,从而说明问题,虽然视听设备发展得很快,但是传统的表达方式依然受到很多人的喜爱,而且在黑板或白板上表述具有即兴、方便的特点。此外,粉笔、万能笔、板擦等配套工具也必不可少。

图 1-7 会议礼仪实景

4)各种视听器材:现代科技的发展带来了投影仪、幻灯机、录像机、激光指示笔等视听设备,给人们提供了极大的方便。在会议召开前,必须先检查各种设备是否能正常使用,如果要用投影仪,则需要提前做好设备调试。录音机和摄像机能够把会议的过程和内容完整记录下来,有时需要立即把会议的结论或建议打印出来,这时就需要准备一台小型的复印机或打印机。

5)资料、样品:如果会议与业务汇报或者产品介绍相关,那么有关的资料和样品是必不可少的。比如在介绍一种新产品时,单凭口头泛泛而谈是不能给人留下深刻印象的,如果能在现场给大家展示一个具体的样品,结合样品一一介绍它的特点和优点,那么给与会者留下的印象就会深刻得多。

(2)座次安排。会议座次安排以面向大门为上、以左为尊,正式会议必须排座次、放席卡,以便与会人员对号入座，避免互相谦让，如图 1-8 所示。灵活掌握座次安排，如：对德高望重的老同志，可适当往前排；对邀请的上级单位或兄弟单位来宾，其实际职务略低于主人一方领导的，可安排在主席台适当位置就座。

1）环绕式。不设立主席台时，把座椅、沙发、茶几摆放在会场的四周，不明确座次的具体尊卑，而听任与会者在入场后自由就座。这一安排座次的方式，与茶话会的主题最相符，也最流行。

2）散座式。散座式排位，常见于在室外举行的茶话会。它的座椅、沙发、茶几自由地组合，甚至可由与会者根据个人要求而随意安置。这样就容易创造出一种宽松、惬意的社交环境。

3）圆桌式。圆桌式排位，指的是在会场上摆放圆桌，请与会者在周围自由就坐。圆桌式排位又分下面两种形式：一是适合人数较少的，仅在会场中央安放一张大型的椭圆形会议桌，而请全体与会者在周围就坐。二是在会场上安放数张圆桌，请与会者自由组合。

4）主席式。这种排位是指在会场上，主持人、主人和主宾被有意识地安排在一起就座，听众都安排在主席台下就座，如图 1-9 所示。

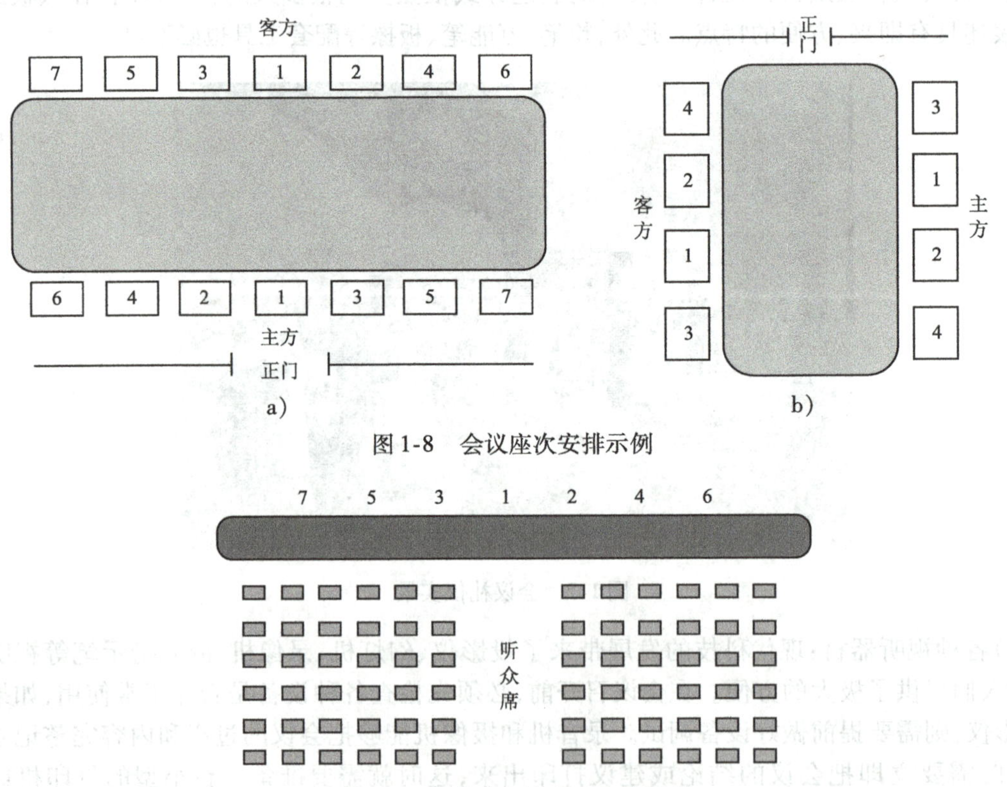

图 1-8　会议座次安排示例

图 1-9　主席式会议座次安排示例

五、现代文员必须掌握的计算机技能

在信息化社会中，以电子计算机为核心，通过网络而建立的高效信息处理一体化系统，标志着人类办公活动进入了办公自动化阶段。办公自动化以其特有的高科技、新思维冲击着每一位办公室工作人员，特别是文员。因此，现代办公室文员必须具备现代化的思想、技术和业

务技能，而计算机操作技术是现代办公室文员必须掌握的基本技能(如图1-10所示)，主要包括：

了解计算机的发展和特点，懂得计算机在文秘工作中的应用；熟练掌握计算机系统的组成、基本配置和基本操作，以及计算机病毒的防治常识。

掌握中文Windows的基础知识和基本操作，能熟练运用1～2种汉字输入法录入汉字，一般要求达到每分钟80～100个汉字以上的录入速度。

能熟练运用Word(文字处理)来处理文秘工作中所遇到的各种图、文、表并存的文档；掌握Excel(电子表格)工作表的编辑、格式设置、数据计算及数据统计的操作应用，并在日常信息管理事务工作中加以运用；熟悉PowerPoint(幻灯片)的使用，能制作一般的演示文稿。

了解计算机网络的基本概念以及Internet的连接方法；掌握IE网络浏览器和Outlook Express等电子邮件软件的使用，了解网页制作的方法，以解决现实工作中信息的共享、搜索和传递等问题。

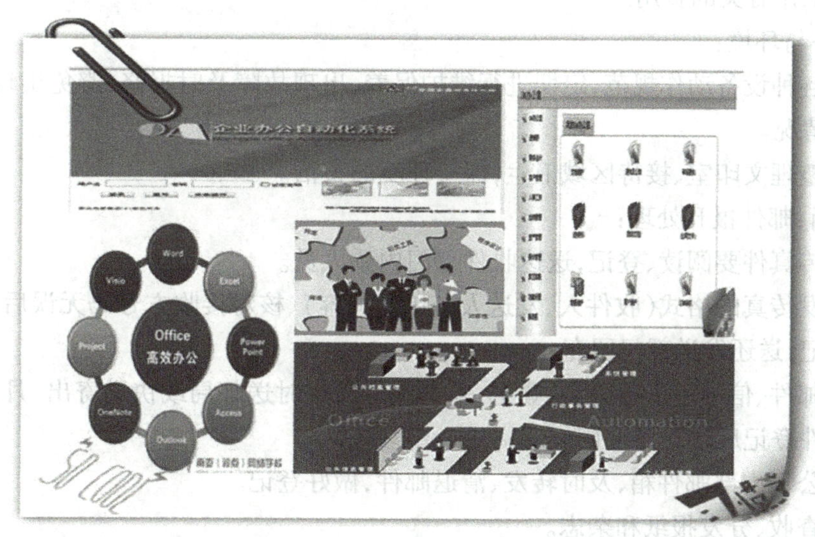

图1-10　现代文员计算机技能要求

六、办公室文员岗位任职要求

1. 主要工作内容

(1)负责公司公文材料的打印、校对初稿、复印、登记等工作。

(2)遵守公司有关文印管理的规章制度，遵守保密制度。

(3)负责文印室的打印机、复印机、传真机等设备的使用、维护、保养。

(4)保持文印室、接待区域办公环境整齐、清洁。

(5)办理公司传真件、信件、邮件、电报的收发、登记、送达、邮寄、清退事宜。

(6)办理报刊杂志分发工作。

(7)做好来宾接待、登记；来电接听、登记。

(8)会议记录。

(9)统计员工考勤。

(10)员工入职登记、档案建立和整理。

(11)会议接待和安排。

(12)完成部门领导布置的其他工作。

2. 岗位工作要求

(1)文印:

1)收到打印文稿后要进行电子目录登记;按照规范的文档格式打印,打印之前要认真审稿,发现文字错误应及时进行纠正;对原稿错误有疑问,要询问拟稿人,尽量减少和避免打印错误;初稿打印后认真校对有无录入错误并及时返还拟稿人再次校对,校对完毕后进行修改打印;校对末稿无误后装订交秘书用印、分发。

2)收到要复印的文件,要进行审阅、登记。

3)遵守公司有关文印管理的规章制度,遵守保密制度;及时完成工作,记录要完整及时,节约与本职工作有关的费用。

(2)设备与环境:

1)操作各种设备动作规范,定期进行维护保养,出现故障及时报修,避免出现因设备故障延误工作的情况。

2)定期整理文印室、接待区域卫生,保持环境的整洁。

(3)电函、邮件报刊处理:

1)收到传真件要阅读、登记,送达收件部门内勤人员。

2)规范发传真的格式(收件人、发送人、日期、内容)、核对接收方号码无误后发送,发送完底稿进行登记,送还发送部门留存。

3)收到邮件、信件后进行分类、登记,外寄件每日定时送邮局或快递寄出,月底结算费用。公司内部邮件登记后送达各部门。

4)整理公司内部邮件箱,及时转发、清退邮件,做好登记。

5)及时查收、分发报纸和杂志。

(4)接待:

1)做好预约来宾、来访登记,及时向来宾要访问的部门和人员通报情况,做好接待准备。

2)礼貌接待未预约的来宾、来访人员,妥善安排客人落座、喝茶,迅速了解来访人员的基本情况和来访目的,联系有关人员接待;重要客人来访要迅速向领导汇报。

3)热情转接电话,接听电话语言文明礼貌,语气温和,回答问题清楚;电话记录要整洁有序,便于查询;及时将信息向有关人员传达,接到重要电话立即汇报;对不清楚的事情、不该回答的问题不要随意答复,如有疑问及时汇报,自觉维护公司声誉。

4)完成本职工作月度、季度工作计划和工作小结,以及年度工作总结。

七、办公文员岗位任职资格

任职资格是指为了保证工作目标的实现,任职者必须具备的知识、技能、能力和性格等方面的要求。它常常以胜任职位所需的学历、专业、工作经验、工作技能、能力加以表达。从事办公文员岗位需要满足以下要求(见表1-1):

表1-1 办公室文员任职资格表

因素	细分因素	等级	限定资料
知识	学历	D	具有文秘类专业专科以上学历
	行业知识	C	了解本行业相关知识，了解行业中相关的管理经验
	专业知识	C	对专业知识要求一般。熟练掌握计算机办公软件的应用，打字熟练，速度在80～100字/分钟以上，精通1～2种汉字输入法；熟悉复印机、传真机性能，掌握使用技巧
能力	事务处理能力	C	能够比较合理地安排工作计划，能够比较及时、正确地完成各项工作
	理解能力	C	对本身职务定位、工作内容把握基本准确，比较准确地理解上级的指示、意图和所布置的工作；对所学知识能够较为迅速理解和掌握
	判断能力	C	能准确判断一般性问题，掌握其实质，找到合理、有效的解决方案
	表达能力	C	表达内容准备基本充分、主题基本明确、构思基本清楚
其他条件	身体条件		身体健康，精力充沛，能够胜任本职工作
	职业素质		熟悉礼仪规范，举止文雅，有职业素养，性格温和，善于沟通；工作负责、细致认真
	年龄		适合文员岗位要求，最好在30岁以下
	计算机应用		能熟练应用计算机处理各种公文、材料、表格

任务拓展

办公室工作除了我们看得见的对现代办公设施设备的熟练运用和文字功底外，还有着我们看不见的能力，比如处理临时突发情况的能力、进行上下级之间有效沟通的技巧、对外形象的打造等。

1. 我的资源网

实训目标

良好的社会支持体系是完成学生适应过程的重要组成支撑，明确社会资源的发现和利用社会支持的关键。

实训任务

准备：纸、笔。

时间：30分钟。

情景：叔本华说："与其迷路，不如问路。"到了一个新环境要建立一个更好的支持系统，这样才能更好的适应学校生活或环境。想象一下，如果你在学校里遇到了困难和压力，哪些人和事物可以成为我们可以利用的资源？

可以利用的资源见表 1-2。

表 1-2　学校可利用资源表

序号	资源名称	可以利用的方面	如何利用	是否适合自己
A	班主任			
B	专业课教师			
C	熟悉的领导			
D	网络			
E	操场			

请你看一看，你填在第一位的是谁？谁离你最近？你为什么选他？在你遇到困难和挑战的时候，你是怎样向他求助的？如果你的支持网络里只有两三个人，请你仔细想想为什么这么少？是害怕被视为弱者，还是曾经被拒绝或者打击过？

把学生分成若干小组，让各小组同学一起讨论校园内外都有哪些能够帮助我们学习和成长的资源，讨论时间为 5 ~ 10 分钟。学生比较容易发现学校的硬件资源，这时教师应及时引导学生，资源既有硬件还有软件，比如教师的学识、修养，优秀的同学、班级文化等，这些都是可以利用资源。

【小结】通过交流，我们发现学校有很多可以利用的资源，让我们充分利用这些资源，来促进我们的发展！

2. 搭积木

实训目标

通过这个活动让学生意识到合作的重要性，以及团队要想成功就得相互配合；学习用非语言的方式来表达，增进团队的凝聚力。

实训任务

时间：约 70 分钟（作业 40 分钟，分享 15 分钟，评比总结 15 分钟）。

准备：每组 8 人，观察员一人，每组 6 张画纸，一卷胶带，一把剪刀，一瓶胶水。

实训规则：

（1）全程不能说话，只能用非语言表达。搭积木时间 40 分钟，时间结束立即停止。结束后评比哪组的积木搭得又高又牢固且漂亮。

（2）各组观察员必须记录活动的全过程，如主意是怎样产生的，有分歧是怎样解决的，谁是团队关键人物，以及每个成员的表现。

（3）到了 40 分钟叫停。让各组成员顺时针观摩其他小组，再回到自己的小组。每组派一名成员介绍本组的作品。

（4）全部分享结束后，每组观察员将记录的结果告诉该小组，并让他们反思。

【小结】强调团队精神和团队合作,合作需要投入,合作需要找准自己的位置、扬长避短、发挥创意等,并帮助成员总结心得体会。

3. 情景剧表演

实训任务

各小组分别讨论在下述情境中应该怎样处理情境中的矛盾,并用小品形式表演出来。

情景:(1)夜晚。宿舍的同学都已经睡觉了,可是晓丽还在没完没了地打电话,同宿舍的小红很生气,对其进行了指责,结果话不投机,二人发生了争吵。

(2)小刚个人卫生习惯很不好,不爱洗澡、脚臭还到处扔脏鞋袜、当众抠脚。同宿舍的小明忍无可忍,要求其改掉恶习,经常洗澡、洗袜子。结果,小刚振振有词,拒不改正,双方动起了拳脚。

(3)小蔡平时很少学习,期末考试前希望同班的小江在考场上配合其作弊。

所有同学一起讨论以上各种解决方案的可取之处和不合理之处。在解决人际关系矛盾时应注意哪些问题?

模块2 WORD办公应用实例

实训简介

任何一个单位都设有办公室，办公室主要的工作职责就是行政工作，办公文员是重要的工作角色。可以这样说，办公室文员的工作是很琐碎、很繁杂的工作，具体要干些什么，可根据单位的安排，主要工作包括上传下达，接听、转接电话；并把电话的内容向有关领导或部门传达，接待来信、来访人员；负责办公室的文秘、信息工作，档案收集、整理工作；做好会议纪要；按照公司印信管理规定，保管使用公章，还有随时接受领导交办的其他临时性工作任务。

任务1 书写求职信

学习目标

1. 熟练运用 WORD 软件编排和排版各类文稿。
2. 熟练运用 WORD 软件制作各种表格。
3. 熟练运用 WORD 软件制作组织结构图。
4. 熟练运用 WORD 软件制作目录。
5. 熟练运用 WORD 软件实现邮件合并。

王小蛮是某职业学校学生，目前她正面临着毕业找工作的问题。经过查阅招聘网站发布的信息，她觉得自己适合某会计事务所的文员岗位。所以，她打算向这家单位求职，而一份美观大方的个人简历是必不可少的“敲门砖”。

实训目标

1. 了解求职信的基本格式及内容。
2. 掌握在 WORD 中快速录入文字。
3. 掌握文档基本的编辑技术（创建、保存、重命名等）和文档格式排版（字体、字号、对齐方式、段落格式、查找替换等），效果如图 2-1 所示。

求 职 信

尊敬的领导：

您好！

首先，真诚地感谢您从百忙之中抽出时间来看我的自荐材料。

我叫王小蛮，是重庆某学校的应届毕业生，所学的专业是会计学。即将面临就业的选择，我十分想到贵单位就职。

"宝剑锋从磨砺出，梅花香自苦寒来"。经过三年全面、系统的专业学习，我不仅掌握了文秘专业的相关知识，而且还具备了扎实的文学功底、语言表达能力和一定的实际操作能力，有多次活动策划和文字编辑的经验，精通OFFICE办公软件，能独立操作并能及时高效地完成日常办公文档的编辑工作。

寻找一个掌握扎实专业知识并具有一定工作能力的员工，是您的愿望。谋求一个充分发挥自己专业特长的工作单位，并能得到您的关照，是我的期盼；得力的助手，有助于您工作顺心；合适的工作单位，有助于我施展才华。或许我们会为着一个共同的目标而站在一起，那就是将贵单位的辉煌历史写得更加缤纷！愿为贵单位工作，并奉献自己的青春和才华。

作为刚毕业的学生，虽然工作经验不足，但我会虚心学习、积极工作、尽忠尽责做好本职工作。诚恳希望得到贵单位给予面试的机会。随信附上我的简历，如有机会与您面谈，我将十分感谢。

期盼能得到您的回音！

感谢您在百忙之中抽空审阅这份材料。

此致

敬礼！

求职人：王小蛮

2017年6月30日

图2-1　求职信内容及格式

实训任务

求职信的录入及排版。

任务拓展

录入样文（如图2-2所示）文字，按照要求设置文档格式。

我有一个梦想

100年前，一位伟大的美国人签署了解放黑奴宣言，100年后的今天，我们就是在他的雕像前集会。这一庄严宣言犹如灯塔的光芒，给千百万在那摧残生命的不义之火中受煎熬的黑奴带来了希望。它之到来犹如欢乐的黎明，结束了束缚黑人的漫漫长夜。

然而100年后的今天，我们必须正视黑人还没有得到自由这一悲惨的事实。100年后的今天，在种族隔离的镣铐和种族歧视的枷锁下，黑人的生活备受奴役。100年后的今天，黑人仍生活在物质充裕的海洋中一个穷困的孤岛上。100年后的今天，黑人仍然萎缩在美国社会的角落里，并且意识到自己是故土家园中的流亡者。100年后的今天，我们在这里集会，就是要把这种骇人听闻的情况公诸于世。

马丁·路德·金

图2-2　样文内容及格式

操作练习

(1)设置字体：第一行"隶书"；正文第一段"楷体"；第二段"仿宋"；最后一行"黑体"。

(2)设置字号：第一行"小二"；正文、最后一行"小四"。

(3)设置字形：第一行"粗体"，"下划线(波浪线)"；最后一行"斜体"。

(4)设置对齐方式：最后一行"右对齐"。

(5)设置段落缩进：正文第一段左右各缩进1厘米；正文各段首行缩进两个汉字。

(6)设置行(段)间距:第一行“段后 12 磅”;正文第一段“段后 3 磅”;最后一行“段前 12 磅”。

(7)查找与替换:将文中数字“100”替换成“一百”。

任务 2　制作个人简历

为了让用人单位全面了解自己,从而为自己创造面试的机会并最终达到就业的目的,一份优秀的个人简历可以让我们在求职路上事半功倍。简历是应聘者用最简洁的方式向求职单位介绍自己的个人基本情况,通常以表格的形式呈现。个人简历一般包括以下内容:姓名、性别、出生日期、学历、专业、毕业学校、住址、联系方式、工作经历、获奖情况等。

实训目标

1. 掌握表格的创建方法。
2. 学会对表格的美化。

实训任务

1. 按图 2-3 所示创建个人简历表格。

个人简历

<table>
<tr><td>姓名</td><td></td><td>性别</td><td></td><td>籍贯</td><td></td><td>出生日期</td><td></td><td rowspan="3">贴照片处</td></tr>
<tr><td>学历</td><td></td><td>专业</td><td></td><td>毕业学校</td><td colspan="3"></td></tr>
<tr><td>通信地址</td><td colspan="5"></td><td>邮编</td><td></td></tr>
<tr><td>联系电话</td><td colspan="3"></td><td>电子邮件</td><td colspan="4"></td></tr>
<tr><td>技能特长</td><td colspan="8"></td></tr>
<tr><td>教育经历</td><td colspan="8"></td></tr>
<tr><td>工作经历</td><td colspan="8"></td></tr>
<tr><td>获奖情况</td><td colspan="8"></td></tr>
</table>

图 2-3　个人简历模板

2. 按图 2-4 所示填写表格内容,并美化个人简历。

<table>
<tr><td colspan="9" align="center">个人简历</td></tr>
<tr><td>姓名</td><td>姚一</td><td>性别</td><td>女</td><td>籍贯</td><td>重庆渝北</td><td>出生日期</td><td>2000.06</td><td rowspan="3">贴照片处</td></tr>
<tr><td>学历</td><td>大专</td><td>专业</td><td>会计</td><td>毕业学校</td><td colspan="3">重庆某学校</td></tr>
<tr><td>通信地址</td><td colspan="5">重庆市渝北区某某路 19 号</td><td>邮编</td><td>401121</td></tr>
<tr><td>联系电话</td><td colspan="3">13452785642</td><td>电子邮件</td><td colspan="4">Yaoyi2000@126.com</td></tr>
<tr><td>技能特长</td><td colspan="8">能熟练操作 OFFICE 办公软件和会计软件。</td></tr>
<tr><td>教育经历</td><td colspan="8">2007.09-2010.06 就读于重庆市某小学;
2010.09-2013.06 就读于重庆市某中学;
2013.09-2016.06 就读于重庆市某学校。</td></tr>
<tr><td>工作经历</td><td colspan="8">2010.09-2013.06 在校期间参加志愿者工作;
2013.09-2016.06 在校期间一直从事学校计算机房管理工作。</td></tr>
<tr><td>获奖情况</td><td colspan="8">2007.09-2010.06 在校期间多次被评为“三好学生”;
2010.09-2013.06 在校期间多次被评为“三好学生”“优秀学生干部”;
2013.09-2016.06 在校期间多次获得奖学金、多次被评为“优秀学生干部”;</td></tr>
<tr><td>自我评价</td><td colspan="8">吃苦耐劳、谦虚谨慎、工作认真负责;有较强的实际操作能力,工作中能够独当一面。</td></tr>
</table>

图 2-4　美化个人简历

任务拓展

完成费用报销单表格的格式化设置,效果如表 2-1 费用报销单所示。

表 2-1　费用报销单

<table>
<tr><td rowspan="2">费 用 名 称</td><td rowspan="2">摘　　要</td><td colspan="9">金额</td></tr>
<tr><td>百</td><td>十</td><td>万</td><td>千</td><td>百</td><td>十</td><td>元</td><td>角</td><td>分</td></tr>
<tr><td></td><td></td><td></td><td></td><td></td><td></td><td></td><td></td><td></td><td></td><td></td></tr>
<tr><td></td><td></td><td></td><td></td><td></td><td></td><td></td><td></td><td></td><td></td><td></td></tr>
<tr><td></td><td></td><td></td><td></td><td></td><td></td><td></td><td></td><td></td><td></td><td></td></tr>
<tr><td></td><td></td><td></td><td></td><td></td><td></td><td></td><td></td><td></td><td></td><td></td></tr>
<tr><td colspan="2">总计金额(大写)</td><td></td><td></td><td></td><td></td><td></td><td></td><td></td><td></td><td></td></tr>
</table>

主管:　　　　　　会计:　　　　　　复核:　　　　　　报销人:

任务3　制作个人简历封面

在任务2中我们制作了个人简历，为了能吸引招聘单位阅读应聘者的个人简历，设计一个独特的简历封面是非常必要的。

实训目标

1. 掌握艺术字和图片的插入与编辑方法。
2. 学会文本框和图形的插入与编辑方法。

实训任务

制作个人简历封面，完成图文混排，效果如图2-5所示。

图2-5　个人简历封面

操作提示

（1）在 WORD 2007 中新建文档，设置页面，效果如图 2-6 所示。

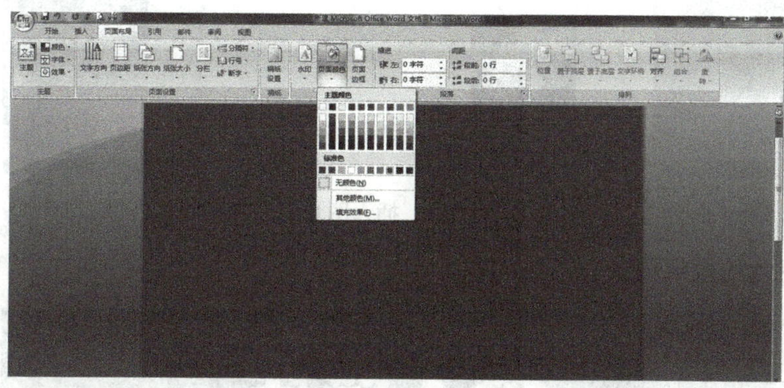

图 2-6　页面设置

（2）艺术字的插入，效果如图 2-7 所示。

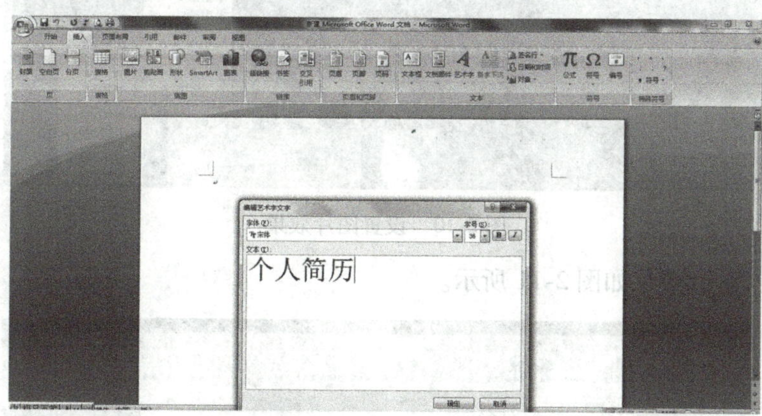

图 2-7　插入艺术字

（3）文本框的插入，效果如图 2-8 所示。

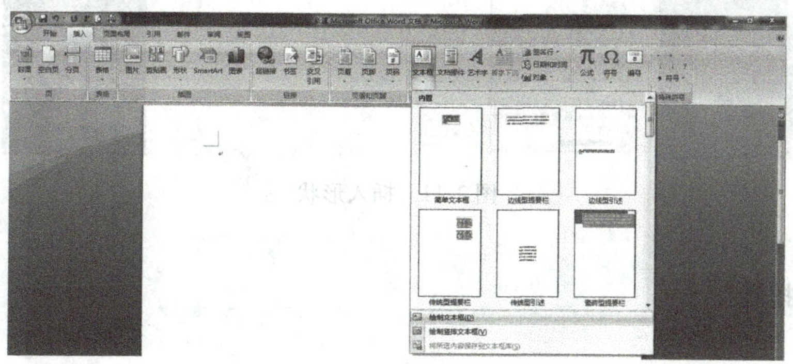

图 2-8　插入文本框

(4)图片的插入,效果如图 2-9 所示。

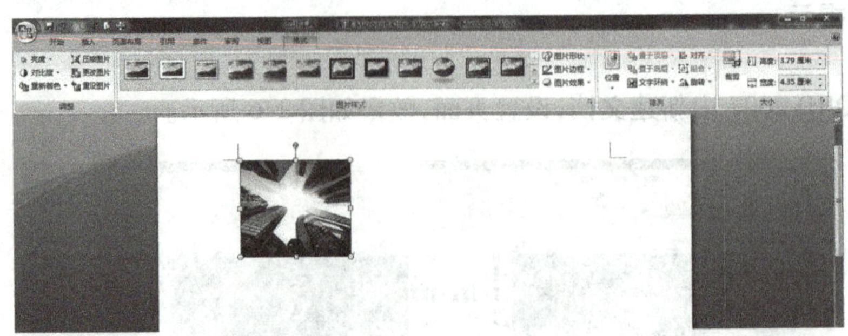

图 2-9　插入图片

(5)插入图片的效果设置,如图 2-10 所示。

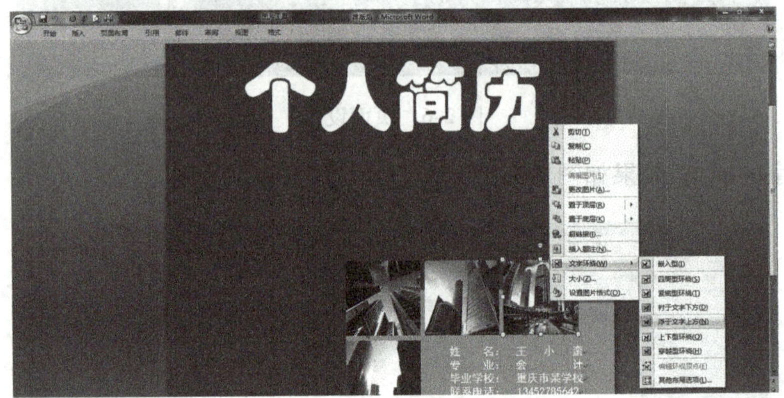

图 2-10　设置图片效果

(6)形状的插入,效果如图 2-11 所示。

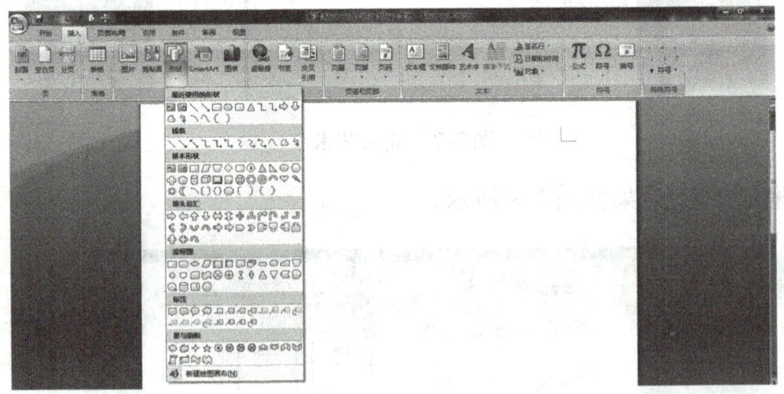

图 2-11　插入形状

任务拓展

完成对古诗词《关雎》的排版,效果如图 2-12 所示。

图 2-12 《关雎》排版效果

操作提示

录入《关雎》文字，设置字符格式后，直接使用段落左缩进、右缩进进行排版。

任务 4 制作来电记录单和来宾登记表

王小蛮的个人简历被某会计事务所看中，便立刻通知她前来面试。经过严格的笔试和面试，小蛮成功进入了这家单位，并担任办公室文员一职。陈经理安排王小蛮负责日常来电登记和来客接待工作。

实训目标

1. 了解来访（来客）记录单。

2. 学会表格的制作与美化。

实训任务

制作来电记录单和来客登记表,效果如图 2-13 和图 2-14 所示。

来电记录单

日期：　　年　　月　　日

来电单位		来电人	
来电号码		接电人	
来电内容			
处理结果			

图 2-13　来电记录单

来宾登记表

序号	来访时间	来宾姓名	性别	身份证号码	联系部门	来访事由	接待人

图 2-14　来宾登记表

任务拓展

将下列人员名单生成签到表,填入表 2-2 中。

甲言言	冉然	张一怡(女)	石倩(女)	何林	唐卡
张芩(女)	杨亚林	陈德志	白林	陈建峰	舒杰
郑丹(女)	李春燕(女)	周希李	丹霞(女)	陈茜(女)	冉诗(女)
梁维维	唐琴(女)	吴周琴(女)	陈苛于	王戎	周华均
谭明建	郑玉凤(女)	刘飞儿	龚雪梅(女)	周喜	杨川亚
余治洋	邹愈良	王小兰(女)	黄维春	祖一青	李光明
王安全	李子林				

表2-2 签 到 表

日期 姓名	11月1日	11月2日	11月3日

任务5 制作事务所组织结构图

王小蛮才到新单位，为了让她更快地了解本单位，陈经理安排她制作单位组织结构图。

实训目标

1. 了解单位组织结构图。
2. 学会组织结构图的制作与美化。

实训任务

制作组织结构图,效果如图 2-15 所示。

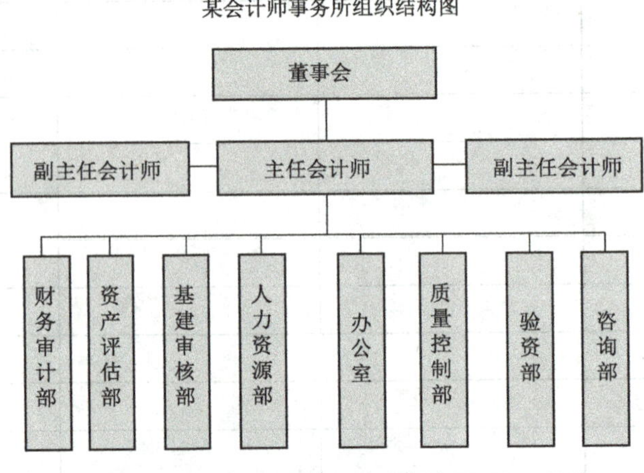

图 2-15　组织结构图

操作提示

(1)在“插入”选项卡下单击“SmartArt”命令按钮。步骤阅读出现如图 2-16 所示的窗口。

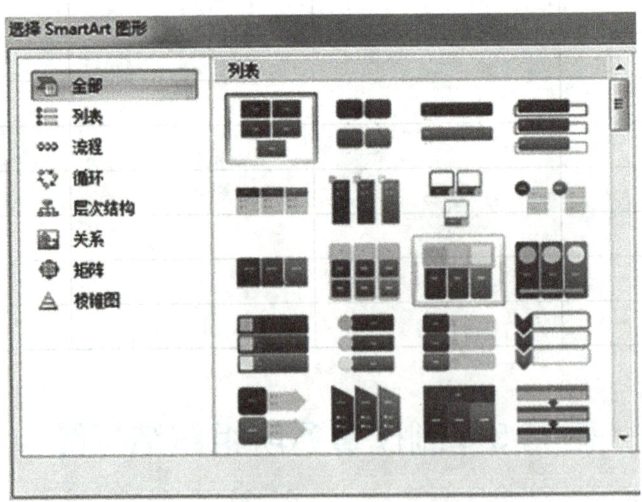

图 2-16　插入 SmartArt 图形

（2）选择组织结构图的层次结构，如图2-17所示。

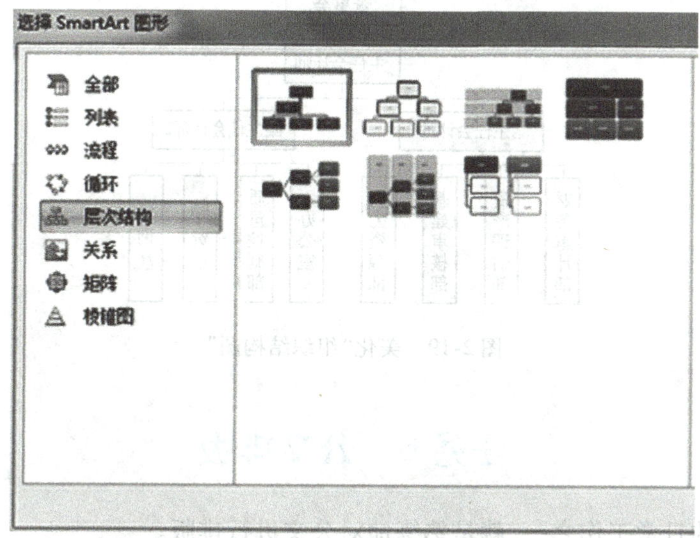

图2-17 为组织结构图选择正确的类别

（3）右击底层最左侧的文本框，光标指向“添加形状”并选择子菜单中的“在下方添加形状”，以同样方法为其他文本框添加形状，如图2-18所示。

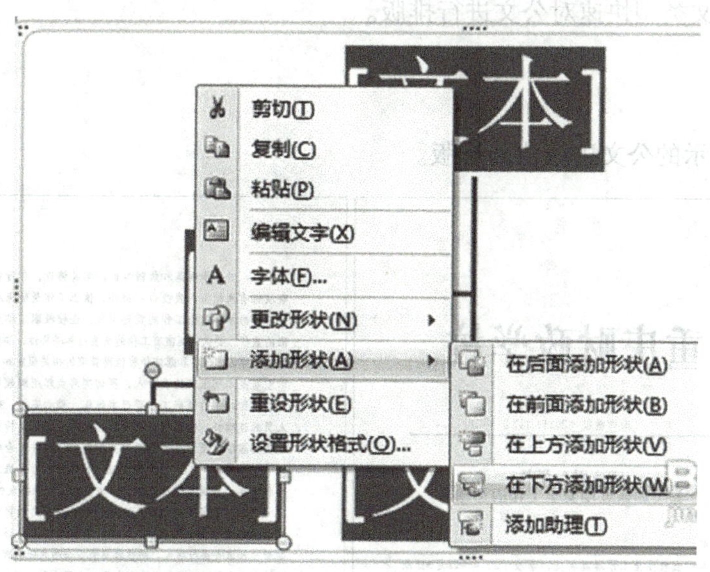

图2-18 添加形状

（4）单击“文本”添加或编辑文字完成制作。

任务拓展

编辑并美化组织结构图，效果如图2-19所示。

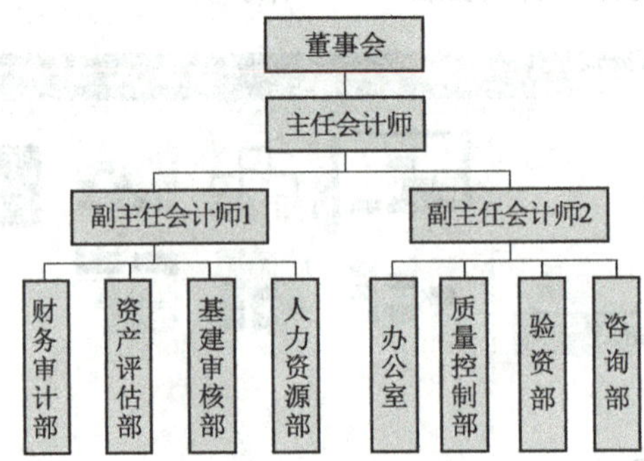

图 2-19　美化“组织结构图”

任务6　公文排版

办公室文员的日常工作之一，就是熟练地对公文进行排版。

实训目标

1. 了解各类公文的规范格式。
2. 学会按公文类型快速对公文进行排版。

实训任务

对图 2-20 所示的公文进行快速排版。

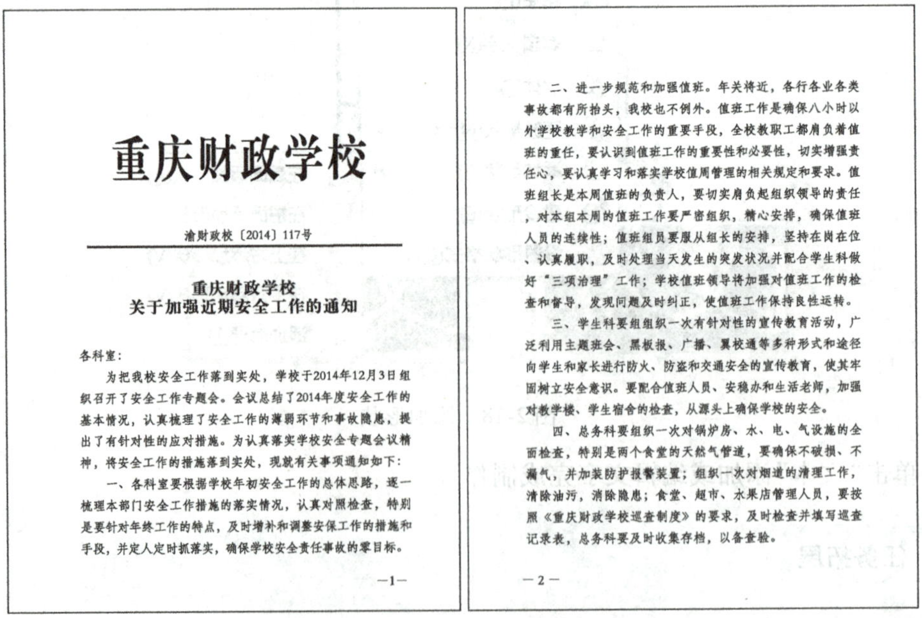

重庆财政学校

渝财政校〔2014〕117号

重庆财政学校
关于加强近期安全工作的通知

各科室：

为把我校安全工作落到实处，学校于2014年12月3日组织召开了安全工作专题会。会议总结了2014年度安全工作的基本情况，认真梳理了安全工作的薄弱环节和事故隐患，提出了有针对性的应对措施。为认真落实学校安全专题会议精神，将安全工作的措施落到实处，现就有关事项通知如下：

一、各科室要根据学校年初安全工作的总体思路，逐一梳理本部门安全工作措施的落实情况，认真对照检查，特别是要针对年终工作的特点，及时增补和调整安保工作的措施和手段，并定人定时抓落实，确保学校安全责任事故的零目标。

—1—

二、进一步规范和加强值班。年关将近，各行各业各类事故都有所抬头，我校也不例外。值班工作是确保八小时以外学校教学和安全工作的重要手段，全校教职工都肩负着值班的重任，要认识到值班工作的重要性和必要性，切实增强责任心，要认真学习和落实学校值周管理的相关规定和要求。值班组长是本周值班的负责人，要切实肩负起组织领导的责任，对本组本周的值班工作要严密组织，精心安排，确保值班人员的连续性；值班组员要服从组长的安排，坚持在岗在位、认真履职，及时处理当天发生的突发状况并配合学生科做好“三项治理”工作；学校值班领导将加强对值班工作的检查和督导，发现问题及时纠正，使值班工作保持良性运转。

三、学生科要组组织一次有针对性的宣传教育活动，广泛利用主题班会、黑板报、广播、翼校通等多种形式和途径向学生和家长进行防火、防盗和交通安全的宣传教育，使其牢固树立安全意识。要配合值班人员、安稳办和生活老师，加强对教学楼、学生宿舍的检查，从源头上确保学校的安全。

四、总务科要组织一次对锅炉房、水、电、气设施的全面检查，特别是两个食堂的天然气管道，要确保不破损、不漏气，并加装防护报警装置；组织一次对烟道的清理工作，清除油污，消除隐患；食堂、超市、水果店管理人员，要按照《重庆财政学校巡查制度》的要求，及时检查并填写巡查记录表，总务科要及时收集存档，以备查验。

— 2 —

图 2-20　公文版式样例

五、班主任要在学校的统一布置下，利用主题班会在全班进行防火、防盗及出行交通安全教育，加大对易燃易爆物品、管制刀具及学校明令禁止物品的宣传力度，并利用巡查学生宿舍的时机，加强对上述物品的检查，发现一起收缴一起，确保学生宿舍安全;要及时化解学生中的矛盾纠纷，要充发挥好本班级安全信息员的作用，了解学生的思想动态，发现苗头要及时开展强有力的思想工作，将矛盾纠纷及时化解。

六、安稳办近期要组织一次全校范围的消防设施、安全设施及食品安全大检查；要加强对学校大门口、临时围墙、教学楼、发电机房、锅炉房、电脑机房、学生宿舍、食堂等学生集中活动的场所的日常巡检工作，发现问题立即整改；收集并整理保安日常巡检登记表、食品留样登记表、食堂巡检登记表、超市巡检登记表、水果店巡检登记表并整理汇总。

各部门接此通知后，请尽快召开工作会议进行安排部署，将各项工作落实到实处，务必确保校园的安全、稳定、有序。

重庆财政学校

2014年12月11日

重庆财政学校办公室　　2014年12月11日印发

—3—

图 2-20　公文版式样例(续)

任务拓展

对《考勤管理制度》进行编辑与排版，如图 2-21 所示。

重庆市某会计师事务所

考勤管理制度

目录

1. 目的......1
2. 适用范围......1
3. 管理规定......1
3.1工作制度......1
3.2加班管理......2
3.3各类假期规定......5
3.4请假制度......8
3.5缺勤规定......9
3.6其他......10
4 附则......10

图 2-21　考勤管理制度模板

考勤管理制度

1. 目的

为了规范公司考勤管理，严肃工作纪律，有效提升员工的敬业精神，并使员工的工资核算做到有法可依，结合我公司实际情况，特制定本规定。

2. 适用范围

本制度适用于本公司所有员工。

3. 管理规定

3.1工作制度

3.1.1 工作时间

周一至周五上午 8：00—12：00；下午 13：00—17：00。

实行不定时工作制的员工，在保证完成甲方工作任务情况下，经公司同意，可自行安排工作和休息时间。

3.1.2 打卡制度

3.1.2.1 公司实行上、下班指纹录入打卡制度。全体员工都必须自觉遵守工作时间，实行不定时工作制的员工不必打卡。

3.1.2.2 打卡次数：一日两次，即早上上班打卡一次，下午下班打卡一次。

3.1.2.3 打卡时间：打卡时间为上班到岗时间和下班离岗时间；

3.1.2.4 因公外出不能打卡：因公外出不能打卡应填写《外勤登记表》，注明外出日期、事由、外勤起止时间。因公外出需事先申请，如因特

1

殊情况不能事先申请，应在事毕到岗当日完成申请、审批手续，否则按旷工处理。因停电、卡钟（工卡）故障未打卡的员工，上班前、下班后要及时到部门考勤员处填写《未打卡补签申请表》，由直接主管签字证明当日的出勤状况，报部门经理、人力资源部批准后，月底由部门考勤员据此上报考勤。上述情况考勤由各部门或分公司和项目文员协助人力资源部进行管理。

3.1.2.5 手工考勤制申请：由于工作性质，员工无法正常打卡（如外围人员、出差），可由各部门提出人员名单，经主管副总批准后，报人力资源部审批备案。

3.1.2.6 参与手工考勤的员工，需由其主管部门的部门考勤员（文员）或部门指定人员进行考勤管理，并于每月 26 日前向人力资源部递交考勤报表。

3.1.2.7 参与手工考勤的员工如有请假情况发生，应遵守相关请、休假制度，如实填报相关表单。

3.1.2.8 外派员工在外派工作期间的考勤，需在外派公司打卡记录；如遇中途出差，持出差证明，出差期间的考勤在出差地所在公司打卡记录；

3.2加班管理

3.2.1 定义

加班是指员工在节假日或公司规定的休息日仍照常工作的情况。

加点是指员工在正常班次内已保质保量完成额定工作之后，为完成领导安排的额外工作或超前性工作而延长工作时间的情况。

本规定中所指的“加班”，包括以上加班、加点两种情况。员工在完成计划工作目标过程中，因个人原因而产生的加班加点不作为加班，

2

图 2-21　考勤管理制度模板(续)

任务 7　制作会议指南

单位决定召开一次培训会，由办公室牵头负责筹备会议相关事宜，陈经理将任务分解后，安排王小蛮制作会议指南。

实训目标

1. 掌握页面的设置方法。
2. 学会插入图片与艺术字的方法。
3. 学会插入文本框的方法。

实训任务

制作新职工培训会议指南，效果如图 2-22 所示。

2017年新职工培训

会议指南

图 2-22　会议指南封面

任务拓展

1. 制作如图 2-23 所示的会议座位牌。
2. 制作单位电子公章，效果如图 2-24 所示。

图 2-23 会议座位牌

图 2-24 单位电子公章

任务 8 制作邀请函

实训目标

1. 了解邀请函的格式和内容。
2. 学会图片和文字的混排。

实训任务

创建如图 2-25 所示邀请函。

2018—2019

2018 年，我们感谢有您的支持与厚爱。
2019 年，我们将一如既往，兢兢业业，
与您携手共创辉煌。
祝：万事如意，心想事成！

诚　邀

尊敬的______先生/女士：
　　您好！
　　诚邀您参加××公司新品红酒发布会，酒会现场我们还为您准备了丹麦威士忌、德国现酿鲜啤及尊享定制糕点。诚挚邀请您的到来！
　　时间：______年___月___日
　　地点：________酒店___楼

敬请光临

图 2-25　邀请函模板

任务拓展

1. 为了感谢客户长期以来的信任与支持，公司印制一批台历作礼物送给客户，设计好的台历版式如图 2-26 所示。

2. 制作新春贺年卡片，如图 2-27 所示。

【柒月】2016 Calendar July

SUN	MON	TUE	WED	THU	FRI	SAT
					1	2
3	4	5	6	7	8	9
10	11	12	13	14	15	16
17	18	19	20	21	22	23
24	25	26	27	28	29	30

图 2-26　日历版式

图 2-27　新春贺卡

任务9　批量打印信封

实训目标

1. 掌握信封的书写格式。
2. 学会邮件合并工具的应用。

实训任务

公司将印制的礼物邮寄给客户，利用 WORD 中邮件合并功能，实现批量打印信封。

操作提示

（1）切换到“邮件”选项卡，在“创建”选项组中单击“中文信封”按钮，如图 2-28 所示。

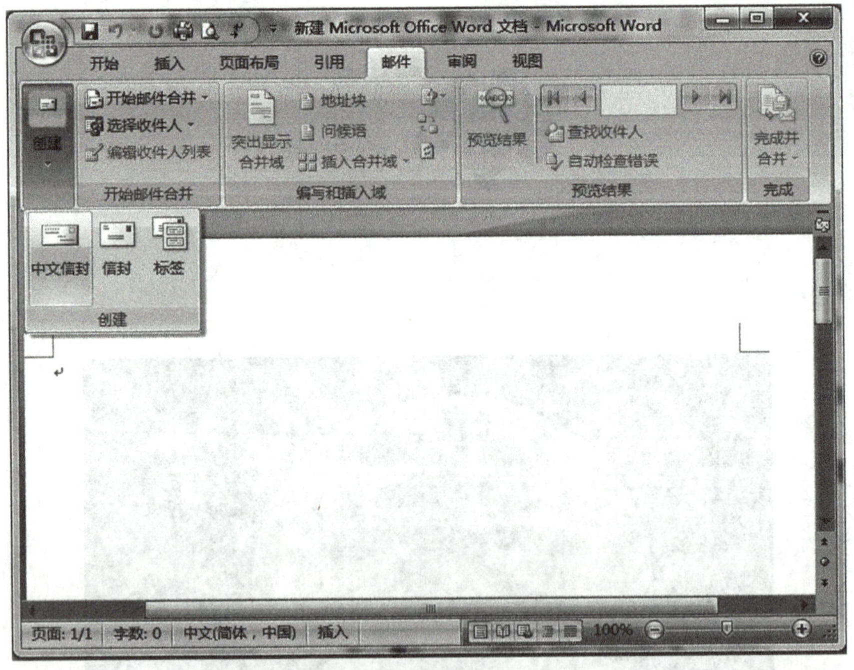

图 2-28　创建中文信封

（2）在随即打开的“信封制作向导”对话框中，直接单击“下一步”，如图 2-29 所示。

（3）在“选择信封样式”页面中，选择一种与实际信封尺寸相一致的信封样式，选择“国内信封 - DL(220 × 110)”，其他选项保留默认值，继续单击“下一步”，如图 2-30 所示。

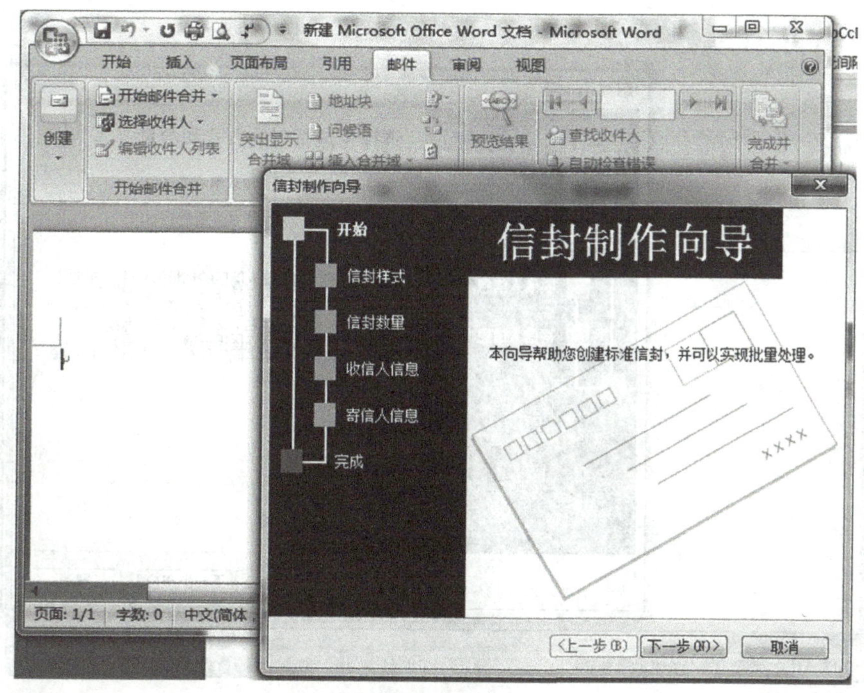

图 2-29 打开信封制作向导

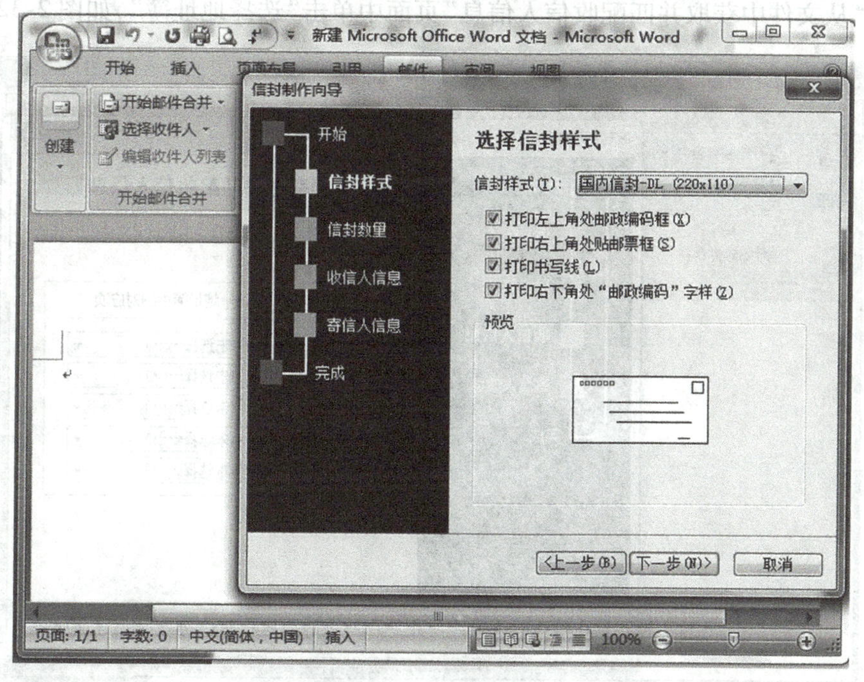

图 2-30 选择信封样式

(4)在“选择生成信封的方式和数量”页面，选中“基于地址簿文件，生成批量信封”单选按钮，然后单击“下一步”，如图 2-31 所示。

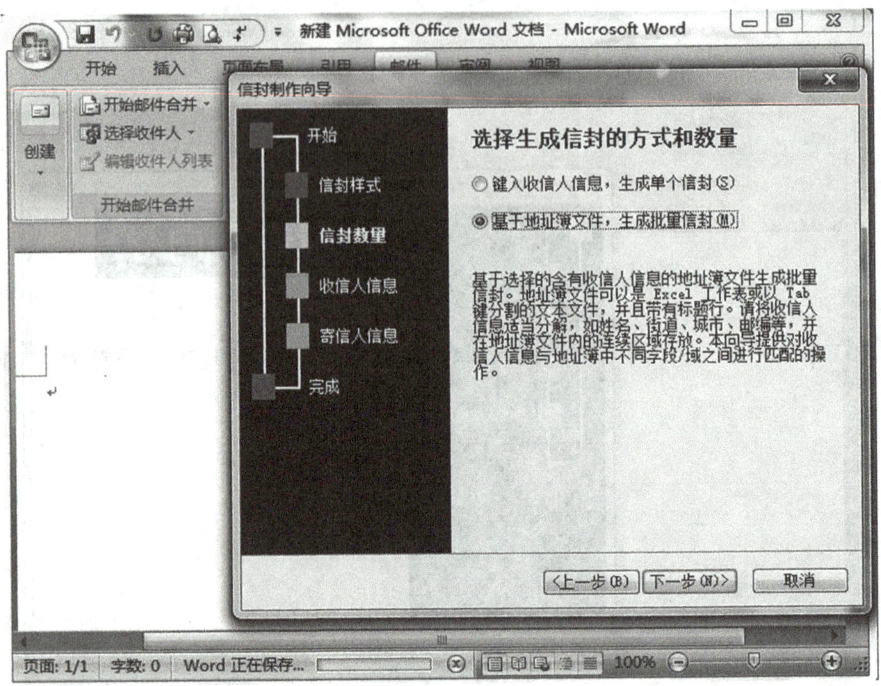

图 2-31　选择生成信封的方式和数量

(5)在“从文件中获取并匹配收信人信息”页面中单击“选择地址簿”，如图 2-32 所示。

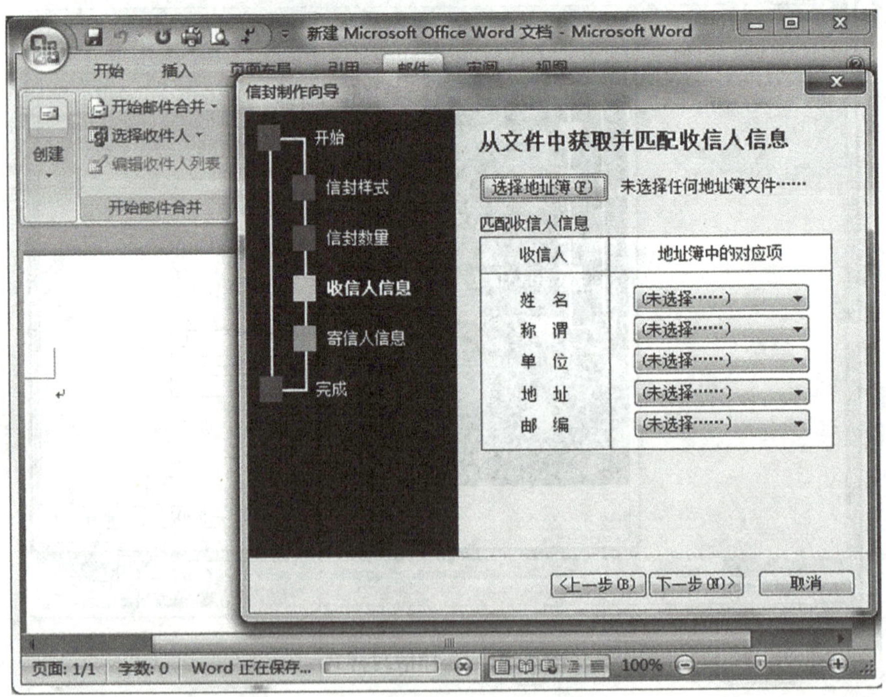

图 2-32　选择地址簿

(6)在“打开”对话框中，单击右下角处的下三角按钮，将文件类型更改为“Excel”，浏览选

择记录客户信息的 Excel 表格，单击“打开”，如图 2-33 所示。

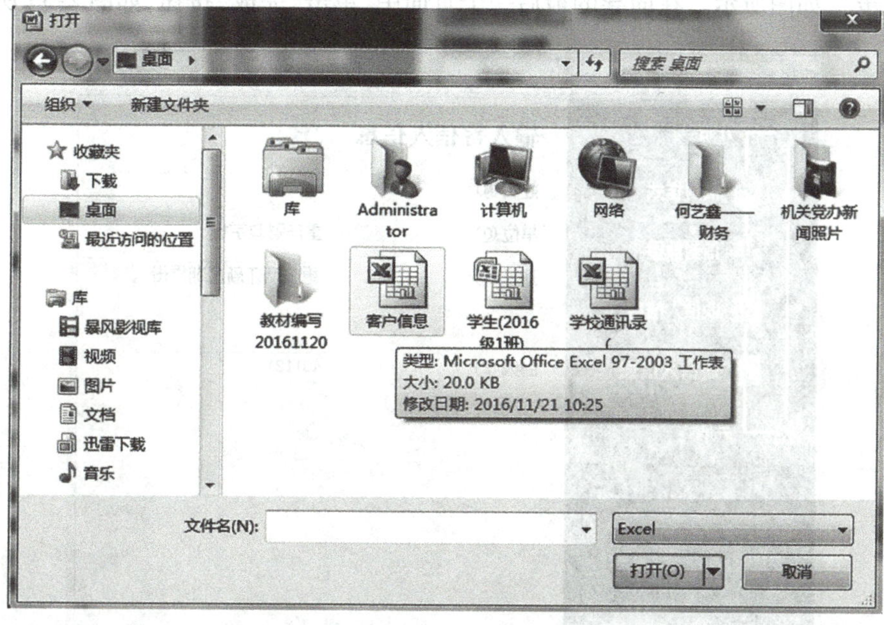

图 2-33　打开数据表

(7)返回“信封制作向导”对话框，单击“姓名”右侧的“未选择”下三角按钮，在下拉列表中选择对应选项。所有选项选好后，单击“下一步”，如图 2-34 所示。

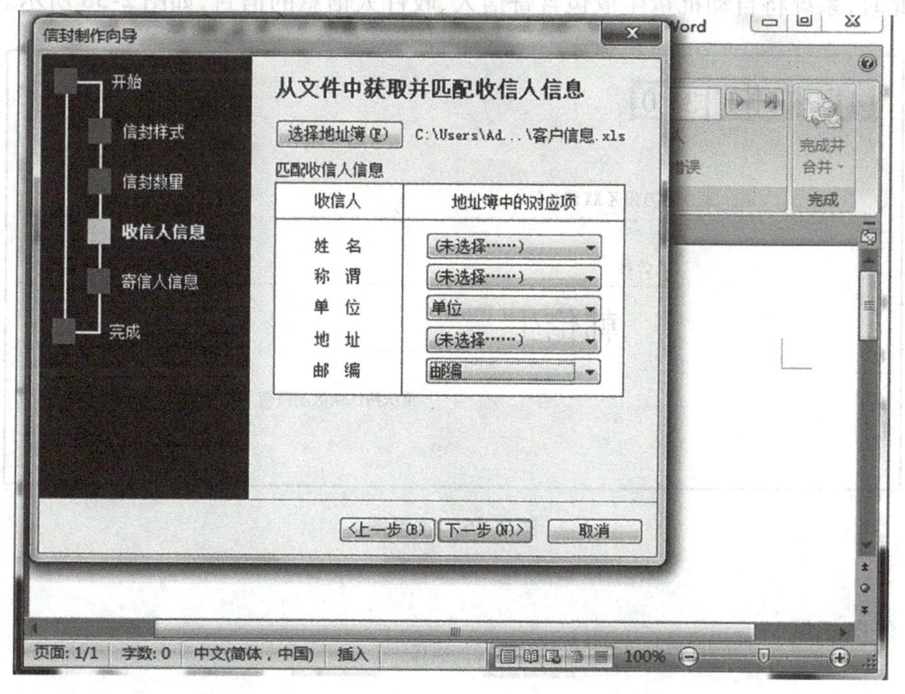

图 2-34　选择对应数据信息

(8)在“输入寄信人信息”页面中,在“姓名”“单位”等文本框中输入相应的寄信人信息,单击“下一步”,如图所示。在向导的最后一个页面中,单击“完成”按钮,如图 2-35 所示。

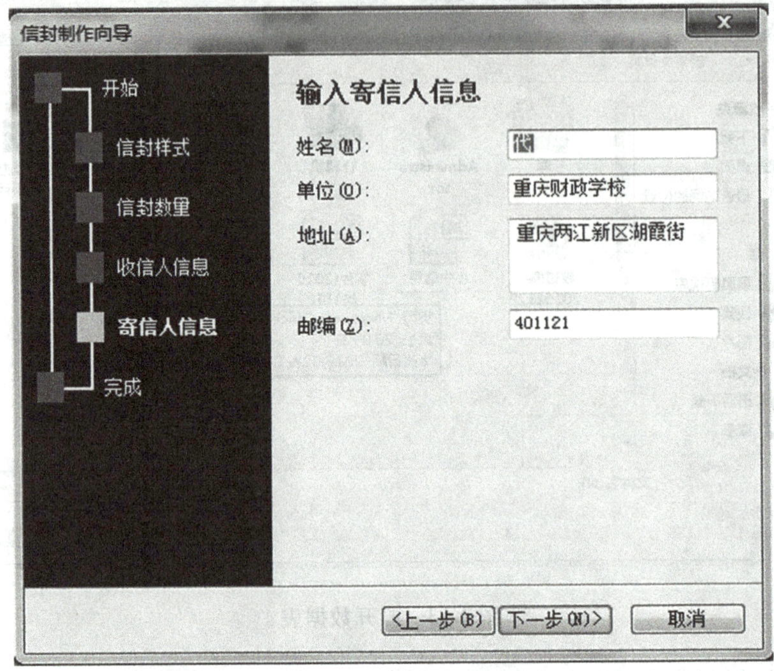

图 2-35　输入寄信人信息

(9)此时,系统将自动批量生成包含寄信人、收件人信息的信封,如图 2-36 所示。

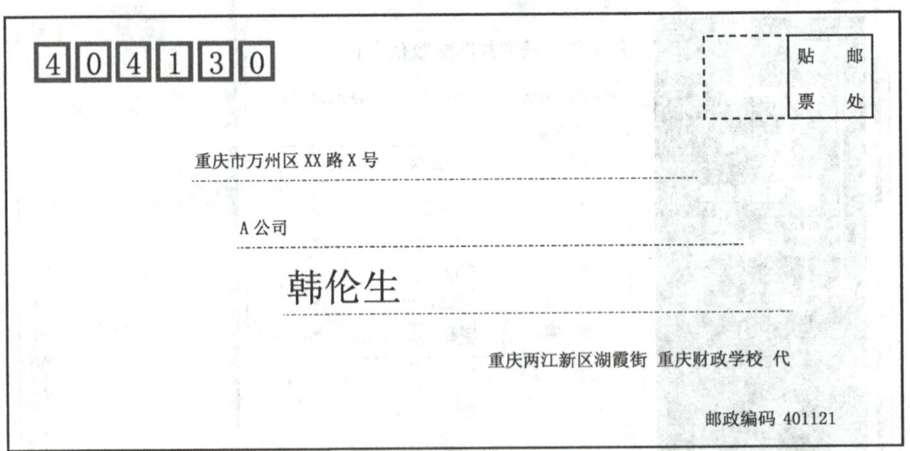

图 2-36　效果图

任务拓展

利用 WORD 2007 的邮件合并功能,完成学生学期成绩单的制作,效果如图 2-37 所示。

成绩通知单

<u>　韩伦生　</u>同学：

你本学期期末考试的各科成绩如下：

语文	数学	英语	会计基础	财经法规	计算机基础
59	20	30	58	81	83

下学期于 2018 年 8 月 25 日报到，8 月 26 日正式上课，请按时到校报到注册。

重庆财政学校

2018 年 7 月 1 日

图 2-37　成绩通知单效果图

任务 10　制作招聘海报

实训目标

综合运用所学知识，实现图文混排。

实训任务

完成如图 2-38 所示招聘海报的制作。

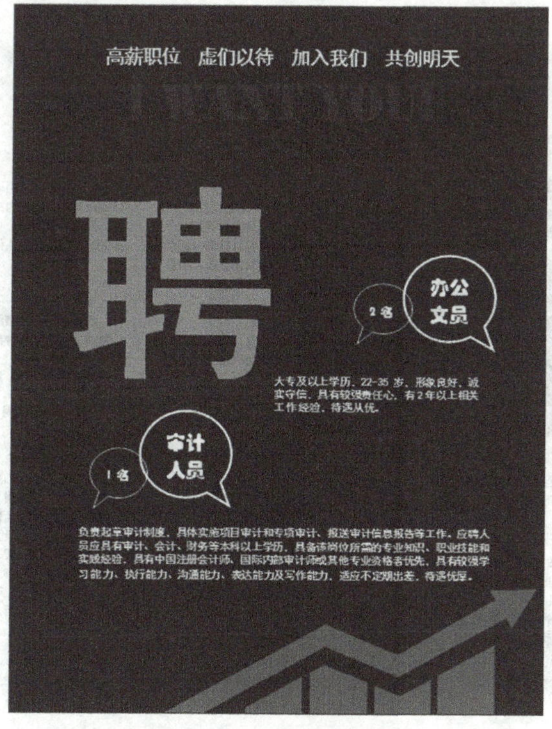

图 2-38　招聘海报模板

任务拓展

1. 帮助旅行社进行旅行线路版式设计，效果如图 2-39 所示。

木格措三日游

一、木格措景区介绍：

木格措汉名野人海，又名大海子，是川西北最大的高山湖泊之一。位于甘孜藏族自治州首府康定县北部境内，距康定城 26 公里，．由芳草坪、七色海、杜鹃峡、药池沸泉、木格措圣湖及红海、黑海等景点组成，高原风光集粹一处，景观配置巧夺天工，雪山、圣湖、草地、沸泉、彩林、翠池，堪称“六绝”；立体气候特征显著，“一日有四季，十里景各异”。木格措风景区是你体验高原自然美景、玩味康巴藏族风情的旅游胜地。

二、行程安排：

第一天：成都一雅安一康定（住宿康定）

成都出发，沿途观川西平原风光进入雅安，经天全县穿越二郎山隧道，欣赏“一山有阴阳”的两种截然不同的景色；继而进入甘孜州境内，远眺大渡河峡谷风光，沿大渡河逆流而上抵泸定，游览著名红色旅游景点——泸定铁索桥（约 30 分钟），重踏红军足迹，感受当年红军 22 勇士飞夺泸定桥的气势。也可自费体验大渡河激情漂流，然后前往情歌之城——康定。

第二天：康定一木格措一磨西（住宿磨西）

早餐后前往有小九寨之称的木格措风景区，约 30 分钟抵达景区售票处，自费乘观光车（挂牌价 100 元/人）进入木格措景区游览。木格措风景区由杜鹃峡、赛马坪、七色海，药池沸泉、木格措和红海草原六个小景区组成，木格措湖是川西地区最大的高山湖泊，以高山湖泊及温泉为主要特色，融原始森林、草原、雪山为一体，一派原始古朴而幽静的自然景色，使人们仿佛置身于“瑶池仙境”。

第三天：康定——成都

告别晨曦中的情歌城返回成都，远二郎山雄姿，回味康巴神韵，参观甘露大药房、都乐厨具展示中心、土特产店品尝牦牛肉，安抵成都统一散团，结束本次愉快的行程。

三、费用及说明：

费用包含：全程空调旅游车；只含木格措景区门票；住宿 2-3 人标准间；旅游餐标 2 早 5 正；全程优秀中文导游服务。景区内消费项目：骑马费（游客与马夫自行商谈）、景区保险费、药泉泡脚 10 元/人.次、煮鸡蛋 3 元/个 等个人消费项目。

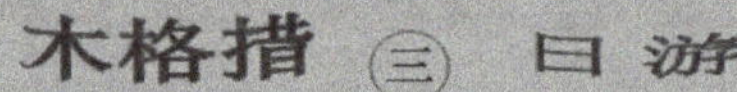

木格措 ㊂ 日 游

一、木格措景区介绍：

位于甘孜藏族自治州首府康定县北部境内，距康定城 26 公里。木格措汉名野人海，又名大海子，是川西北最大的高山湖泊之一，由芳草坪、七色海、杜鹃峡、药池沸泉、木格措圣湖及红海、黑海等景点组成。雪山、圣湖、草地、沸泉、彩林、翠池，堪称“六绝”。木格措风景区是你体验高原自然美景、玩味康巴藏族风情的旅游胜地。

二、行程安排：

第一天：成都一雅安一康定（住康定）

成都出发，沿途观川西平原风光进入雅安，经天全县穿越二郎山隧道（4176M），欣赏“一山有阴阳”的两种截然不同的景色；继而进入甘孜州境内，远眺大渡河峡谷风光，沿大渡河逆流而上抵泸定，游览著名红色旅游景点——泸定铁索桥，重踏红军足迹，感受当年红军 22 勇士飞夺泸定桥的气势。也可自费体验大渡河激情漂流，然后前往情歌之城——康定。

第二天：康定一木格措一磨西（住磨西）

早餐后前往有小九寨之称的木格措风景区，约 30 分钟抵达景区售票处，自费乘观光车（挂牌价 100 元/人）进入木格措景区游览。木格措风景区由杜鹃峡、赛马坪、七色海，药池沸泉、木格措和红海草原六个小景区组成，木格措湖是川西地区最大的高山湖泊，以高山湖泊及温泉为主要特色，融原始森林、草原、雪山为一体，一派原始古朴而幽静的自然景色，使人们仿佛置身于“瑶池仙境”。

第三天：康定——成都

告别晨曦中的情歌城返回成都。远二郎山雄姿，回味康巴神韵，参观甘露大药房、都乐厨具展示中心、土特产店品尝牦牛肉，安抵成都统一散团，结束本次愉快的行程。

三、费用及说明：

费用包含：全程空调旅游车；只含木格措景区门票；住宿 2-3 人标准间；旅游餐标 2 早 5 正；全程优秀中文导游服务。景区内消费项目：骑马费、景区保险费、药泉泡脚 10 元/人.次、煮鸡蛋 3 元/个 等个人消费项目。

图 2-39　旅行线路图

2. 公文格式设计练习。

(1) 上行文格式。

[范例1]

重庆财政学校文件

发文机关标识下空2行，居左空1字，4号仿宋。

居右空1字，4号仿宋。

渝财政校〔2017〕83号　　　　签发人：龚源

重庆财政学校
关于组织师生开展警示教育活动的报告

标题下空1行，左侧顶格，3号仿宋。

红色反线下空2行，居中，2号小标宋。

两江新区教育局：

为加强学生的法制教育，提高学生的法制意识，我校将于11月21日组织学校900余名师生到重庆市未成年犯管教所开展警示教育活动。为保证本次活动的安全顺利举行，我单位安

正文在主送机关下1行，每段左空2字，回行顶格，3号仿宋。

－ 1 －

全稳定办公室制定了详细的工作方案和应急预案，并经校领导研究同意，召开专题工作会对开展本次活动布置落实。

现上报备案，请审查。

附件1：重庆财政学校关于组织师生开展警示教育活动的方案

附件2：重庆财政学校关于组织师生开展警示教育活动的应急预案

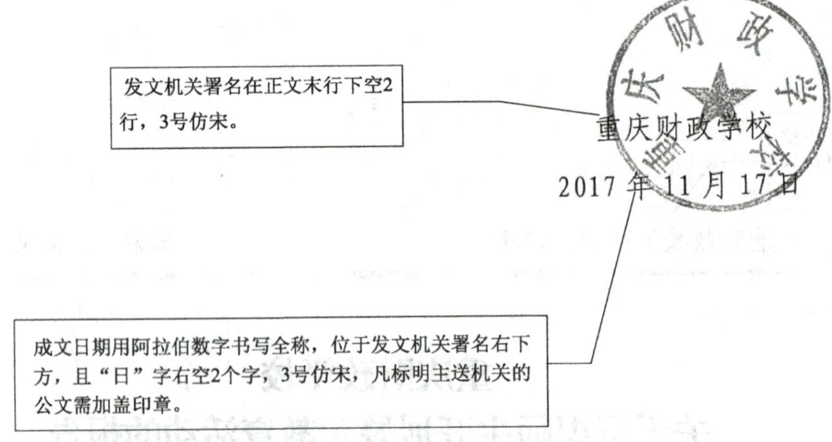

- 2 -

[范例2]

重庆市教育委员会文件

发文机关标识下空2行，居中，4号仿宋。

渝教人发〔2017〕13号

红色反线下空2行，居中，2号小标宋。

重庆市教育委员会
关于转发调整全市职称外语和计算机
考试政策的通知

标题下空1行，左顶格，3号仿宋。

各区县（自治县）教委（教育局），各高等院校，各直属单位：

现将《重庆市人力资源和社会保障局关于调整全市职称外语和计算机考试政策的通知》（渝人社发〔2017〕67号）转发给你们，并提出如下要求，请一并遵照执行：

一、不作职称外语和计算机应用能力考试要求的中小学校、幼儿园以及特殊教育学校等单位，要做好政策宣传、传达到每所学校，让每一位教师知晓政策变化。

二、自主决定是否参加职称外语和计算机应用能力考试要求的高校、中等职业学校、委直属事业单位，要高度重视，认真研究，结合各职称系列的专业特点、岗位需要、学科建设、教师发展，分类确定适合本单位的职称外语和计算机考试要求。自主决定的程序须经教代会审议、办公会研究、党委会审定后执行。

三、凡明确要求职称外语和计算机应用能力考试的人员，2017年职称申报按照“先评后补”方式处理。

四、各高校，各直属事业单位将本单位职称外语和计算机应用能力考试政策要求于6月30日前，报市教委备案。各中等职业学校报备所属区（县）教委。

联系人及联系方式：秦×、王××，636××286。

附件：1.××××××××××

2.××××××××××

附件在正文下不空行，左空2字，3号仿宋体，序号用阿拉伯数字，附件名称后不加标点符号。

发文机关署名在正文末行下空2行，3号仿宋。

重庆市教育委员会

2017年4月27日

成文日期用阿拉伯数字书写全称，位于发文机关署名右下方，且“日”字右空2个字，3号仿宋，凡标明主送机关的公文需加盖印章。

印发机关名称和印发日期左右各空1个字，4号仿。

重庆市教育委员会办公室　　2017年4月28日印发

(2)平行文格式。

[范例3]

中共×××委办公室

(发文机关标识下空2行,居中排印,用4号仿宋体字)

××函〔20××〕×号

中共×××委办公室

关于××××××××的函

(红色反线下空2行,居中排印,用2号小标宋体字)

××××(主送机关在标题下空1行,左侧顶格标注,用3号仿宋体字):

××(正文用3号仿宋体字)。

××。

(此页无正文)[文件应采取调整行距、字距的措施,尽量避免出现“此页无正文”的情况。确需在文件页面上标注“此页无正文”,只能限于文件的正文与文件的生效标识(发文机关署名、成文日期、印章)不能同处在一个页面上而出现分离状况时,在下一空白页第1行顶格标注“此页无正文”,并用圆括号括起]

(发文机关署名在此页无正文下空2行,用3号仿宋体字)

××××××××××

20××年×月×日

(成文日期用阿拉伯数字书写全称,位于发文机关署名右下方低2个字,且“日”字右空2个字,用3号仿宋体字。凡标明主送机关的公文需加盖印章)

(词目用3号小标宋体字,词目之间空1字)

主题词(居左顶格,用3号黑体字):××× ××××××× 函

×××××办公室20××年×月×日印发

(共印××份)

(印制版记位于公文末页,印发机关名称和印发日期左右各空半个4号字,平行文印发日期后面标“印发”2字,印制份数在底线下右空两个4号字,印制份数位于末行,均使用4号仿宋体字)

［范例 4］

编号 000001（用 6 位阿拉伯数字顶格标注在左上角第 1 行，可用印号机手工加盖）

秘密（顶格标注在左上角份号下方，两字之间空 1 字，秘密公文应标明份号，用 3 号黑体字）

特急（顶格标注在左上角第 1 行，如有秘级，则在秘级下方，用 3 号黑体字）

中共×××委办公室文件

（发文机关标识下空 2 行，居中排印，用 4 号仿宋体字）

××发〔20××〕×号

★

中共×××委办公室

关于××××××的通知（红色反线下空 2 行，居中排印，用 2 号小标宋体字）

××××（标题下空 1 行，左侧顶格标注，用 3 号仿宋体字）：

××……。

一、××××××××××××（第一级标题用 3 号黑体字）

××……。（正文用 3 号仿宋体字）

（一）×××××××××××（第二级标题用 3 号楷体字）

××……。

附件：1. ××××××××××××

2. ×××××××××××××

（附件在正文下不空行，左空 2 字标注，用 3 号仿宋体字，附件序号用阿拉伯数字，附件名称后不加标点称号）

（发文机关署名在正文末行下空 2 行，用 3 号仿宋体字）

××××××××××

20××年×月×日

（成文日期用阿拉伯数字书写全称，位于发文机关署名右下方低 2 个字，且"日"字右空 2 个字，用 3 号仿宋体字。凡标明主送机关的公文需加盖印章）

（此件发至××）（对于标明主送机关的公文，根据内容、密级和工作需要，印发传达范围加圆括号标注于正文末页成文日期下空 1 行处，左空 2 字，用 3 号仿宋体字）

（词目用 3 号小标宋体字，词目之间空 1 字）

主题词（居左顶格，用 3 号黑体字）：××× ×××××× 通知

××××××办公室 20××年×月×日印发

（共印××份）

（印制版记位于公文末页，印发机关名称和印发日期左右各空半个4号字，下行文印发日期后面标“印发”2字，印制份数在底线下右空两个4号字，印制份数位于末行，均使用4号仿宋体字）

［范例5］

中共×××委文件

（发文机关标识下空2行，居中排印，用4号仿宋体字）

×发〔20××〕×号

★

中共×××委办公室

关于××××××的决定

（红色反线下空2行，居(20××年×月×日)　中排印，用2号小标宋体字）

（不标明主送机关的普发性公文，成文日期标注在标题下方居中位置，用3号楷体字）

×××，特作以下决定（正文在成文日期下空1行，用3号仿宋体字）。

一、××××××××××××（第一级标题用3号黑体字）

×××……。

（一）××××××××××（第二级标题用3号楷体字）

×××……。

……

……

（此件发至××）（对于不标明主送机关的普发性公文，印发传达范围加圆括号标注于正文末行下空1行处，起到标注主送机关的作用，并可对传达范围提出要求。在此情况下，正文末行下不需署发文机关名称）

（词目用3号小标宋体字，词目之间空1字）

主题词（居左顶格，用3号黑体字）：×××　×××××××　决定

××××××办公室20××年×月×日印发

（共印××份）

（印制版记位于公文末页，印发机关名称和印发日期左右各空半个4号字，下行文印发日期后面标“印发”2字，印制份数右空两个4号字，印制份数位于末行，均使用4号仿宋体字）

(3)其他公文格式。

[**范例6**]

中 共 × × 县 委
常 委 会 议 纪 要

(×)(期号位于发文机关标识下空1行,居中排印,
用3号仿宋体字,期号用中文,外加括号)
(期号下空1行,左空半个4号字,用4号仿宋体字)(右空半个4号字,用
阿拉伯数字书写全称,用4号仿宋体字)
中共××县委办公室　20××年×月×日

×××年×月×日,中共××县委书记×××同志主持召开×届县委第×次常委会议。会议研究了以下议题:1、××××××;2、××××××;3、××××××;4、其他工作(正文在红色反线下空1行,用3号仿宋体字)。

一、×××××(第一级标题用3号黑体字)

(一)×××××××(第二级标题用3号楷体字)

××(正文用3号仿宋体字)。

(二)×××××××

××。

……

……

出席人员:×××　×××　×××　×××　×××
×××　×××

列席人员:×××　×××　×××　×××
×××　×××

县直有关部门负责同志(出列席人员位于正文末行下空1行,左空2字,用3号仿宋体字)

(此件发至××)(根据内容、密级和工作需要,印发传达范围加圆括号标注于出列席人员末行下空1行处,左空2字,用3号仿宋体字)

(词目用3号小标宋体字,词目之间空1字)

主题词(居左顶格,用3号黑体字):×××　×××××××　会议纪要

抄送(左空半个4号字,用4号仿宋体字):××××、××××、××××、××
××、××××(回行与冒号后的抄送机关对齐,最后1个抄送机关不用标点符号)

(共印××份)

(印制份数在底线下右空两个4号字,印制份数位于末行,使用4号仿宋体字)

模块3 EXCEL办公应用实例

实训简介

EXCEL 是目前最为流行的电子表格处理软件，是 Office 办公自动化软件的重要组件之一。它不仅可以十分方便地建立表格、填充数据、打印表格等，还能够轻松地进行表格的格式设置、数据统计、数据分析及图表编辑等，以更直观和形象的方式呈现和表达信息。利用功用能强大的电子表格软件处理会更加方便、快捷，使我们在提高工作质量的同时，极大地提高工作效率，轻轻松松“享受工作”。

学习目标

1. 熟练运用 EXCEL 软件进行表格的创建与美化。
2. 熟练运用公式及函数实现表格的计算。
3. 熟练运用 EXCEL 软件实现数据的处理(排序、分类汇总、筛选)。

任务 1 创建数据表

实训目标

1. 掌握单元格设置的基本方法。
2. 掌握选择性粘贴的用法。
3. 了解数据有效性的用法。
4. 了解批注的用法。
5. 掌握窗格冻结的操作方法。

实训任务

1. 单元格格式设置

(1)单元格格式的设置菜单：“开始”→“数字”；或者直接单击右键，在弹出的菜单中选择“设置单元格格式”，如图 3-1 所示。

(2)在“开始”菜单栏下的“数字”区域，有设定好的一些格式，比如百分数、时间格式、分数以及会计格式等，需要使用的话，直接单击即可，如图 3-2 所示。

(3)给下面的单价加上“元”，就直接可以用自定义设置。这里会用到通配符“#”，设置完后可以看看上面的示例，看是不是你需要的格式。

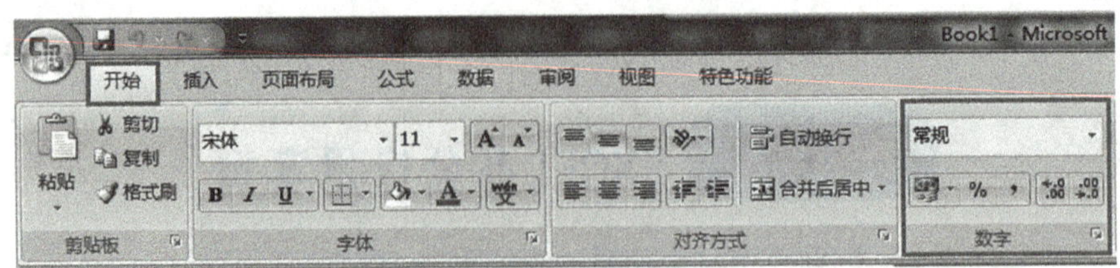

图 3-1　设置单元格格式

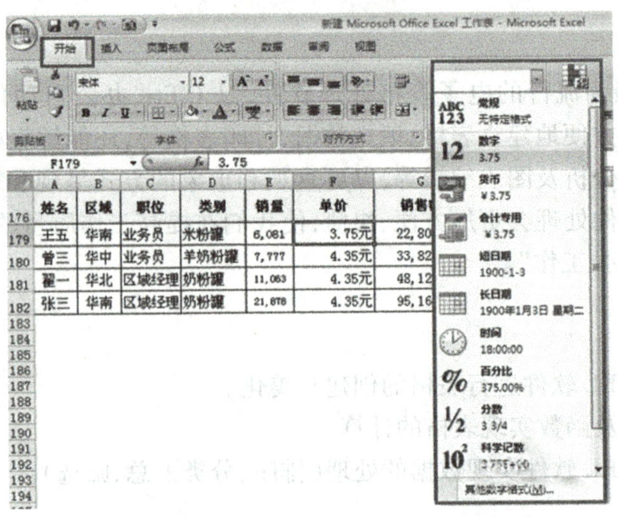

图 3-2　设置数字格式

通配符：一般我们常用到的通配符有“0”和“#”，它代表的就是一个字符。

注意：通配符要在英文半角情况下输入，如图 3-3 和图 3-4 所示。

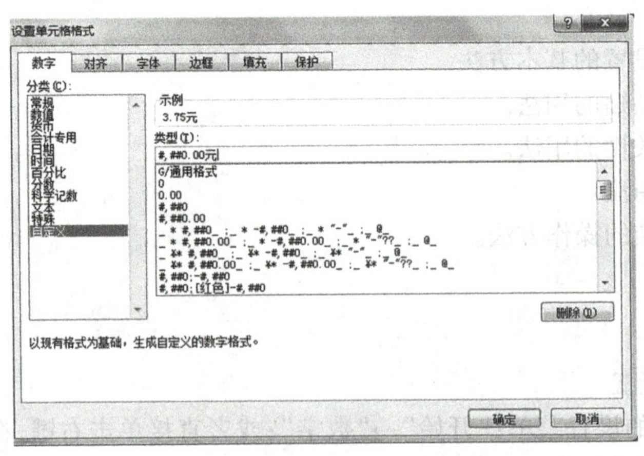

图 3-3　自定义设置

(4)在“开始”菜单栏下还有一个“单元格格式”，是系统自带的，可以选择，不用自己去设定，如图 3-5 所示。

姓名	区域	职位	类别	销量	单价	销售额
王五	华南	业务员	米粉罐	6,081	3.75元	22,803.75
曾三	华中	业务员	羊奶粉罐	7,777	4.35元	33,829.95
翟一	华北	区域经理	奶粉罐	11,063	4.35元	48,124.05
张三	华南	区域经理	奶粉罐	21,878	4.35元	95,169.30

图 3-4　数据表格式模板

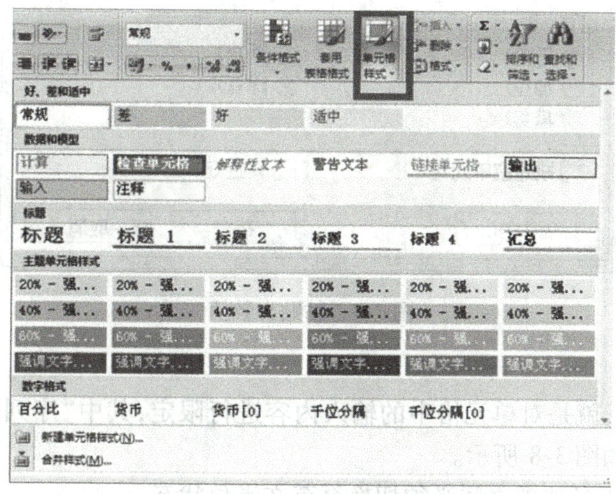

图 3-5　单元格格式选择

2. 选择性粘贴

EXCEL 的选择性粘贴，可以粘贴的内容为数值、格式或公式等，根据情况选择。比如我们做了一系列计算后要把它用文本形式输出则可以复制后将其粘贴为数值。这是一个很常用的右键选择性粘贴操作，如图 3-6 和图 3-7 所示。

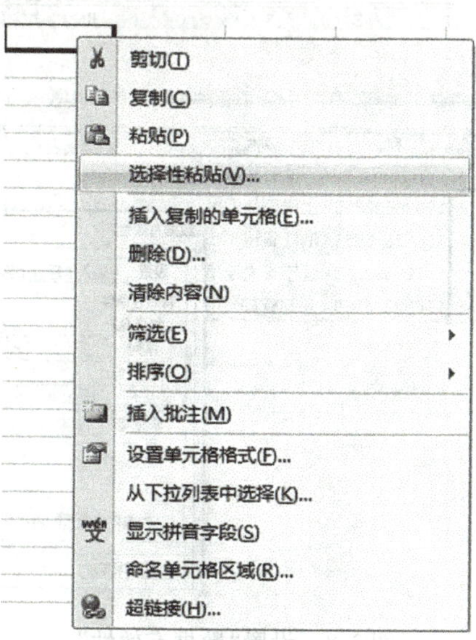

图 3-6　选择性粘贴操作

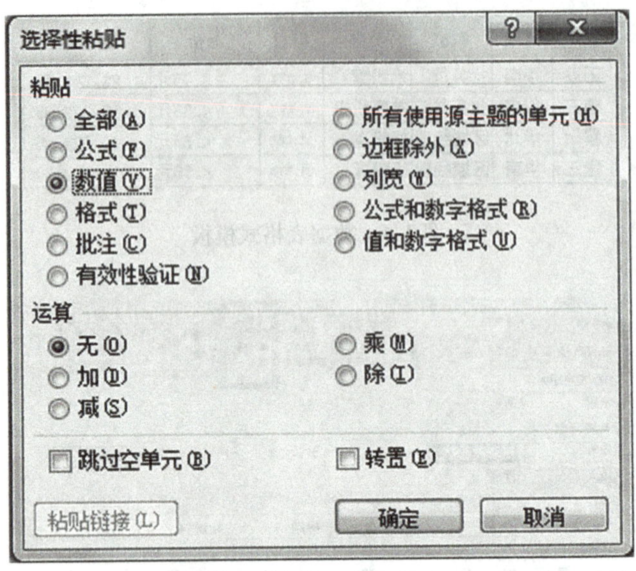

图 3-7　粘贴为数值

3. 数据有效性

设置数据有效性，就是对单元格中的输入内容进行限定，其中“序列”就是单击单元格后有下拉选项的操作，如图 3-8 所示。

注意：“来源”当中各选项之间必须切换至英文半角状态。

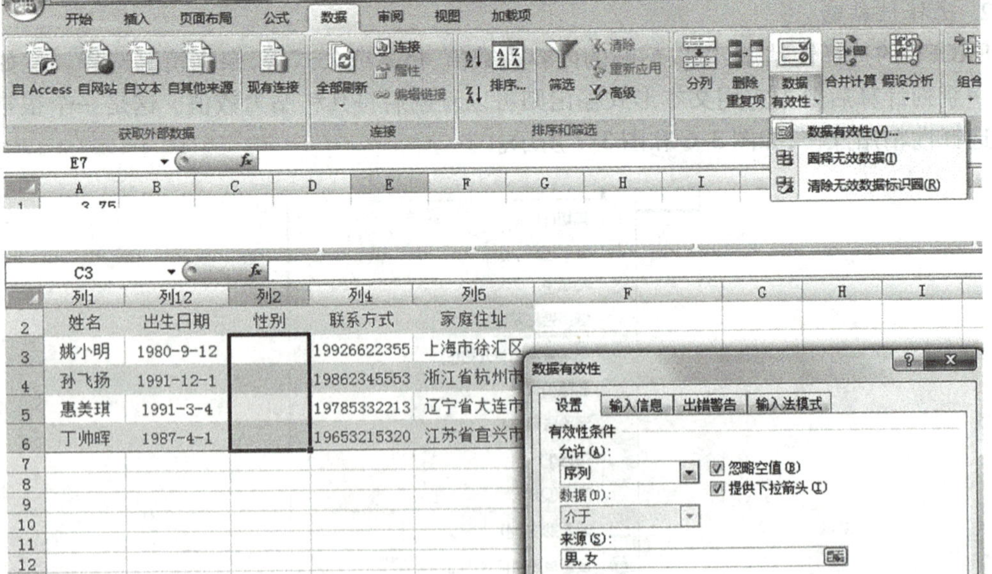

图 3-8　设置“数据有效性”

4. 批注

通常，我们需要对 EXCEL 表格中的某些数据做批注，以用来提示相关参阅表格的人要注意的事项。

（1）打开 EXCEL 表格的主页面。选择需要添加批注的单元格，如图 3-9 所示，并用红色填充（以提醒他人这里数据有异议）。

（2）填充完毕后，光标移至该单元格。单击"审阅"选项卡，单击"新建批注"。弹出了备注窗口，并以你的计算机用户名作为批注人。在此处添加上需要批注的内容，如图 3-10 所示。

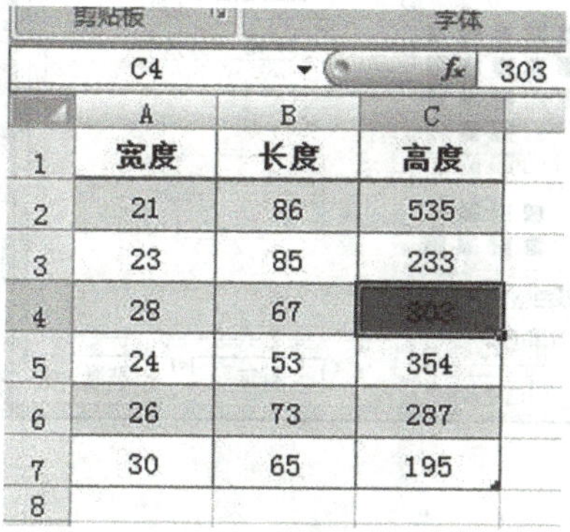

	A	B	C
1	宽度	长度	高度
2	21	86	535
3	23	85	233
4	28	67	303
5	24	53	354
6	26	73	287
7	30	65	195

图 3-9 选中单元格

	A	B	C	D	E
1	宽度	长度	高度		
2	21	86	535		
3	23	85	233		
4	28	67	303		
5	24	53	354		
6	26	73	287		
7	30	65	195		

Administrator:
我们需要电话确认！

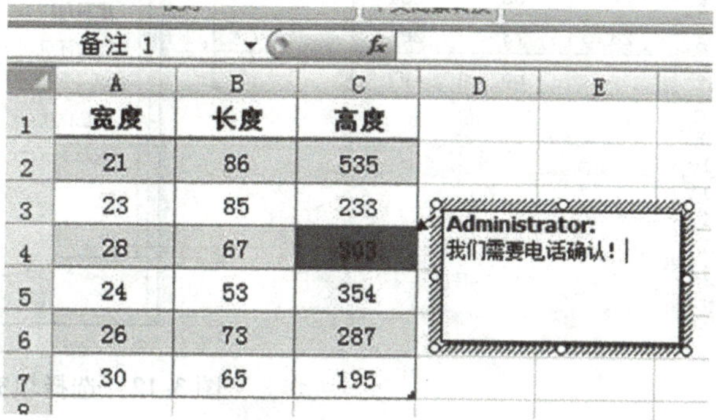

图 3-10 添加批注

（3）有时，我们需要在批注中加入图片，则可按下列步骤进行操作：

1）在需要插入批注的位置单击"新建批注"，在弹出的批注窗口斜线位置单击鼠标右键，选择"设置批注格式"，如图 3-11 所示。

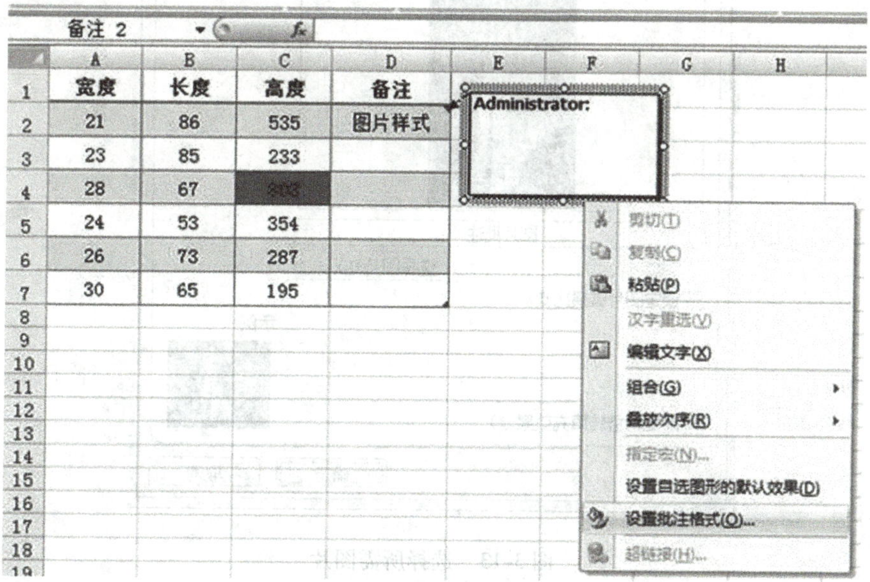

	A	B	C	D
1	宽度	长度	高度	备注
2	21	86	535	图片样式
3	23	85	233	
4	28	67	303	
5	24	53	354	
6	26	73	287	
7	30	65	195	

Administrator:

剪切(T)
复制(C)
粘贴(P)
汉字重选(V)
编辑文字(X)
组合(G)
叠放次序(R)
指定宏(N)...
设置自选图形的默认效果(D)
设置批注格式(O)...
超链接(H)...

图 3-11 设置批注格式

2)在弹出的窗口中,依次选择“颜色与线条－颜色－填充效果”,如图 3-12 所示。

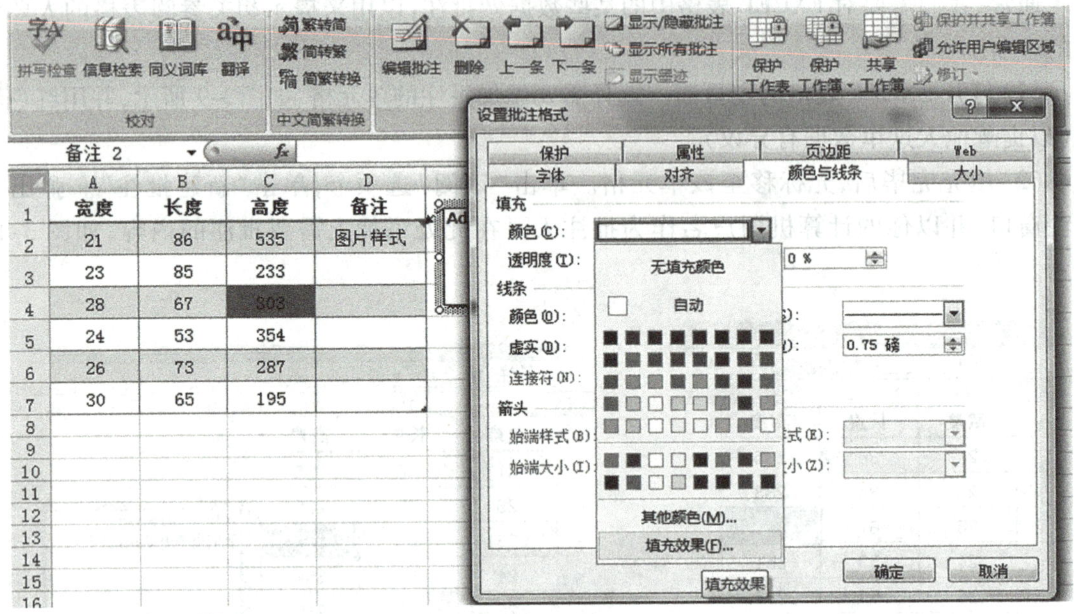

图 3-12　选择填充效果

3)在“图片”选项卡中,选择所需图片,如图 3-13 所示。

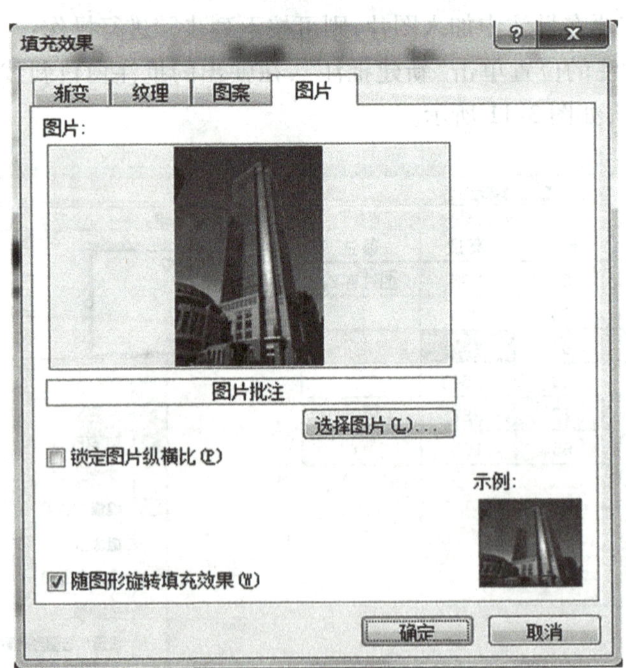

图 3-13　选择所需图片

4)拖曳四周的小圆圈,调整批注图片大小,效果如图 3-14 所示。

备注 2

	A	B	C	D
1	宽度	长度	高度	备注
2	21	86	535	图片样式
3	23	85	233	
4	28	67	303	
5	24	53	354	
6	26	73	287	
7	30	65	195	

图 3-14　调整图片大小

5. 窗格冻结

当数据比较多时，我们可以使用冻结窗格功能来独立地显示并滚动工作表中的不同部分，以方便查看数据。

(1)冻结首行。打开要进行冻结处理的工作表，单击“视图”切换到该工具面板之下；接着，单击“冻结窗格”下的“冻结首行”，如图 3-15 所示。

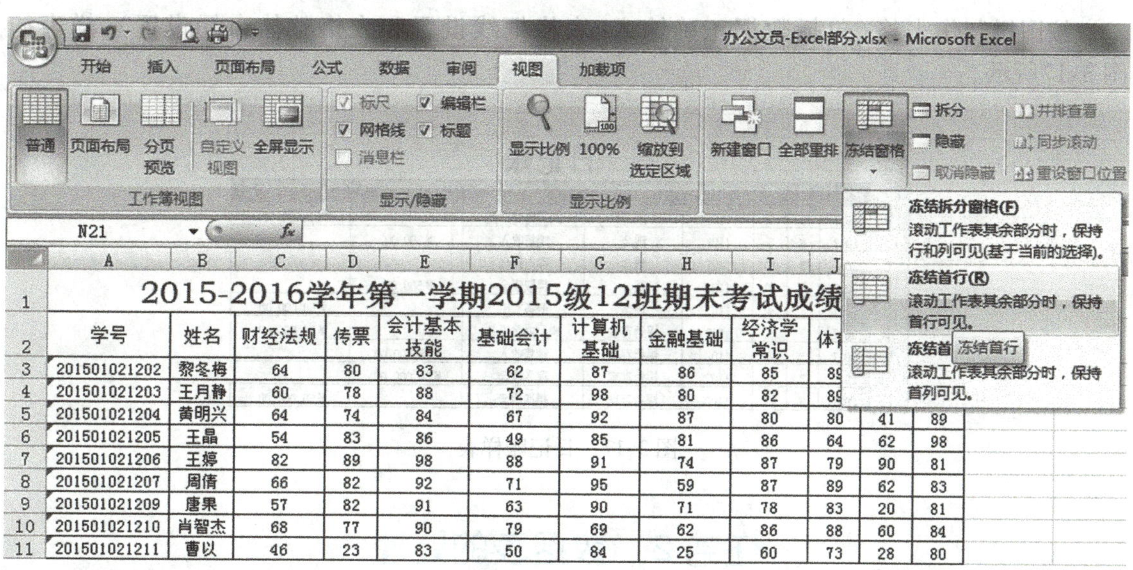

图 3-15　冻结首行

(2)冻结任意位置

我们可自定义要冻结哪些单元区域，单击要设置的冻结位置，选中单元格的右下角位置为查看区域，可自由移动，其他位置为固定区域。接着，单击“冻结窗格”下的“冻结拆分窗格”即可，本例演示冻结第 2 行和 B 列，如图 3-16 所示。

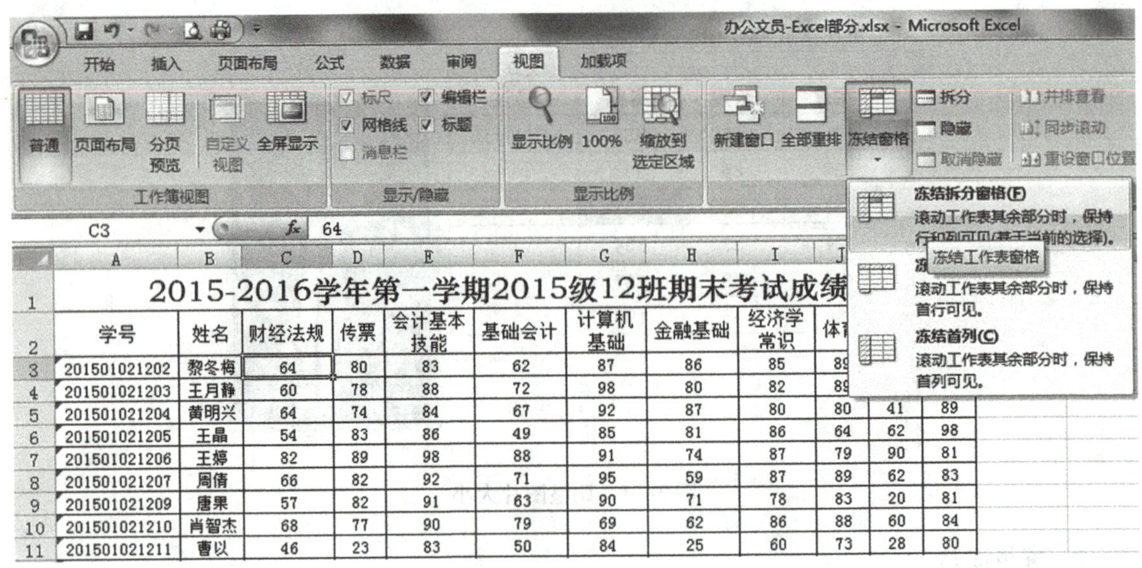

图 3-16　冻结工作表窗格

任务拓展

按图样制作表格(包括数据正确输入、表格框线设置和表格整体布局设置)，样表如图 3-17所示。

日记账							
年	月	日	科目代码	科目名称	摘要	借方金额	贷方金额
2017	3	3	1101	现金	购买电脑产品		¥1,500.00
2017	3	5	1101	现金	销售收入	¥200.00	
2017	3	10	1101	现金	存入现金		¥900.00
2017	3	20	1101	现金	提取现金	¥500.00	
2017	3	30	1101	现金	劳务支出		¥50,000.00
2017	3	1	1102	银行存款	购买办公设备		¥34,560.00
2017	3	3	1102	银行存款	销售收入	¥78,900.00	
2017	3	9	1102	银行存款	存入现金	¥50,000.00	
2017	3	12	1102	银行存款	提取现金		¥50,000.00

图 3-17　日记账样表

任务 2　数据表的处理

实训目标

1. 掌握求和、求平均值和计数等函数的使用方法。
2. 掌握排序的操作方法。
3. 掌握筛选的操作方法。
4. 掌握分类汇总的操作方法。

实训任务

1. 求和、求平均值和计数

根据图 3-18 所示的资料,分别进行求和、求平均值和计数操作。

C24 =COUNTIF(C3:C22,">=60")

2015-2016学年第一学期2015级12班期末考试成绩单								
学号	姓名	财经法规	基础会计	计算机基础	金融基础	经济学常识	体育	总分
201501021202	黎冬梅	64	62	87	86	85	89	473
201501021203	王月静	60	72	98	80	82	89	481
201501021204	黄明兴	64	67	92	87	80	80	470
201501021205	王晶	54	49	85	81	86	64	419
201501021206	王婷	82	88	91	74	87	79	501
201501021207	周倩	66	71	95	59	87	89	467
201501021209	廖果	57	63	90	71	78	83	442
201501021210	肖智杰	68	79	69	62	86	88	452
201501021211	曹以	46	50	84	25	60	73	338
201501021212	李锐	47	41	60	72	34	99	353
201501021213	肖如雪	72	74	67	77	83	92	465
201501021214	陈红梅	66	53	92	72	83	86	452
201501021215	周子薇	54	41	71	45	61	39	311
201501021216	段红梅	63	72	86	81	81	74	457
201501021217	黄慧	49	53	69	48	69	65	353
201501021218	李欣月	47	48	60	42	74	91	362
201501021219	杨梅	72	81	90	76	85	97	501
201501021220	胡敏	60	67	92	63	87	83	452
201501021221	周佳	71	91	66	83	83	88	482
201501021222	谭显华	45	50	86	61	46	95	383
平均分		60.35	63.60	81.50	67.25	75.85	82.15	430.70
各科合格人数		12.00	12.00	20.00	15.00	18.00	19.00	

图 3-18 期末考试成绩单

2. 排序

选择 A2:I22 区域,单击"排序",按照总分从高至低进行排序,如图 3-19 所示。

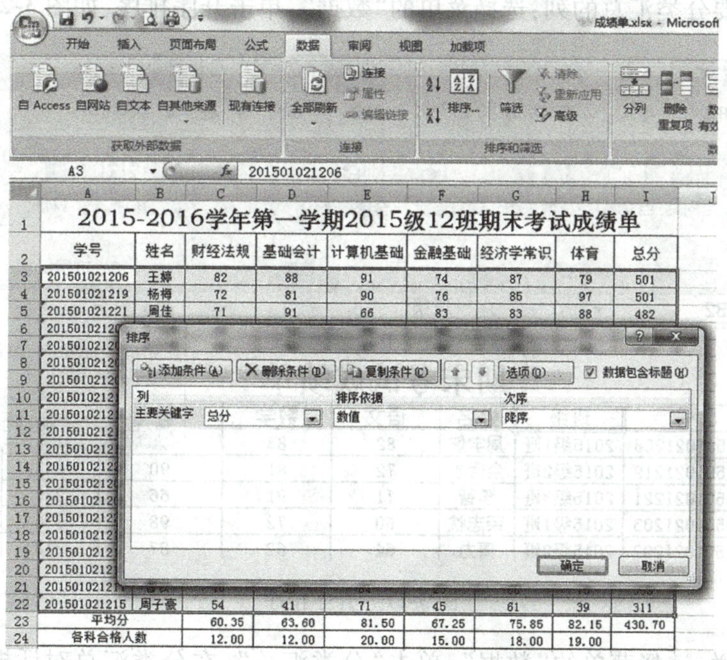

图 3-19 按总分进行排序

3. 筛选

选择标题中任一字段，单击“筛选”按钮，如图 3-20 所示。

成绩单.xlsx - Micr

开始 插入 页面布局 公式 数据 审阅 视图 加载项

自 Access 自网站 自文本 自其他来源 现有连接 全部刷新 连接 属性 编辑链接 排序... 筛选 清除 重新应用 高级 分列 删除重复项

获取外部数据 连接 排序和筛选

D2 基础会计

2015-2016学年第一学期2015级12班期末考试成绩单

学号	姓名	财经法	基础会计	计算机基	金融基	经济学常	体育	总分
201501021206	王婷	82	88	91	74	87	79	501
201501021219	杨梅	72	81	90	76	85	97	501
201501021221	周佳	71	91	66	83	83	88	482
201501021203	王月静	60	72	98	80	82	89	481
201501021202	黎冬梅	64	62	87	86	85	89	473
201501021204	黄明兴	64	67	92	87	80	80	470
201501021207	周倩	66	71	95	59	87	89	467
201501021213	肖如雪	72	74	67	77	83	92	465
201501021216	段红梅	63	72	86	81	81	74	457

图 3-20　筛选操作

4. 分类汇总

如何快速计算某一个班级语数英各项成绩的总和？如何计算所有班级语数英的平均分？

我们可以使用“数据”选项卡的“分级显示”组中的“分类汇总”命令，自动计算列表中列的分类汇总和总计。

(1) 选中需要分类汇总的列：选择菜单的“数据”，单击升序排序，如图 3-21 所示。

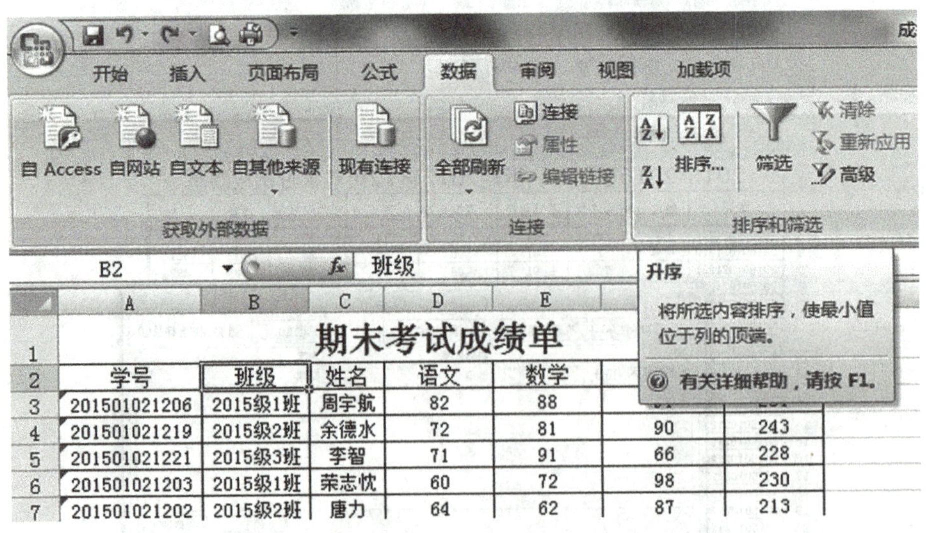

图 3-21　升序排序

(2) 分类汇总：选择菜单的“数据”，单击“分类汇总”；在分类汇总对话框选择相应的项：分类字段选择要分类汇总的列名，这里选择“班级”；选定汇总项勾选“语文”“数学”和“英语”三列,如图 3-22 所示。

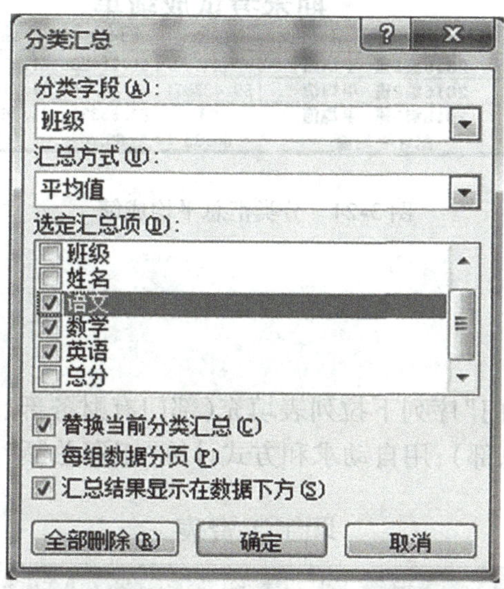

图 3-22　选定汇总项

(3)分类汇总图总览:按照如上步骤得出分类汇总后的界面图,如图 3-23 所示。单击左侧的“1”“2”“3”可分别显示汇总的项目。

	A	B	C	D	E	F	G
1	期末考试成绩单						
2	学号	班级	姓名	语文	数学	英语	总分
3	201501021206	2015级1班	周宇航	82	88	91	261
4	201501021203	2015级1班	荣志忱	60	72	98	230
5	201501021204	2015级1班	李佳烜	64	67	92	223
6	201501021209	2015级1班	杨涛	57	63	90	210
7	201501021218	2015级1班	洪江雨	47	48	60	155
8	201501021217	2015级1班	刘川晋	49	53	69	171
9	201501021215	2015级1班	陈浩迪	54	41	71	166
10	2015级1班 平均值			59	61.714286	81.57142857	
11	201501021219	2015级2班	余德水	72	81	90	243
12	201501021202	2015级2班	唐力	64	62	87	213
13	201501021207	2015级2班	杨婷	66	71	95	232
14	201501021210	2015级2班	熊春梅	68	79	69	216
15	201501021205	2015级2班	黄星	54	49	85	188
16	201501021222	2015级2班	雷舒航	45	50	86	181
17	201501021212	2015级2班	彭浩	47	41	60	148
18	2015级2班 平均值			59.428571	61.857143	81.71428571	
19	201501021221	2015级3班	李智	71	91	66	228
20	201501021213	2015级3班	冯源	72	74	67	213
21	201501021216	2015级3班	徐亚	63	72	86	221
22	201501021214	2015级3班	刘江勇	66	53	92	211
23	201501021220	2015级3班	代渝金	60	67	92	219
24	201501021211	2015级3班	徐世锷	46	50	84	180
25	2015级3班 平均值			63	67.833333	81.16666667	
26	总计平均值			60.35	63.6	81.5	

图 3-23　分类汇总图总览

(4)查看示例:选择 2,显示如图 3-24 所示,按照语数英分类的各班级的平均成绩。

	A	B	C	D	E	F	G
1	期末考试成绩单						
2	学号	班级	姓名	语文	数学	英语	总分
10		2015级1班 平均值		59	61.714286	81.57142857	
18		2015级2班 平均值		59.428571	61.857143	81.71428571	
25		2015级3班 平均值		63	67.833333	81.16666667	
26		总计平均值		60.35	63.6	81.5	

图 3-24　分类汇总平均成绩

任务拓展

用数据有效性设置“部门”序列下拉列表填充（部门有财务部、办公室、采购部、出口部、营销部、仓储部、生产部和信息部）；用自动求和方式计算“工资总额”。范例如图 3-25 所示。

职工工资表

工号	部门	姓名	性别	基本工资	奖金	工资总额
0015	生产部	三	男	2000.00	1735.00	3735.00
0016		李　四	男	1800.00	3233.00	5033.00
0017		王　五	女	2500.00	1620.00	4120.00
0018		马　六	男	1900.00	1345.00	3245.00
0019		田　七	男	1700.00	4520.00	6220.00
0020		赵　八	男	1600.00	1320.00	2920.00
0021		杨　九	女	1100.00	2340.00	3440.00
0022		王一飞	男	1300.00	1712.00	3012.00

图 3-25　职工工资表范例

任务 3　掌握 EXCEL 常用函数

实训目标

熟练掌握 EXCEL 表中常用函数的使用方法。

实训任务

1. AND 函数

函数名称：AND

主要功能：返回逻辑值：如果所有参数值均为逻辑“真（TRUE）”，则返回逻辑“真（TRUE）”，反之则返回逻辑“假（FALSE）”，如图 3-26 所示。

使用格式：AND（Logical1，Logical2…）

参数说明：Logical1、Logical2…表示待测试的条件值或表达式，最多 30 个。

应用举例：在 C5 单元格输入公式：= AND(A5 > = 60,B5 > = 60)，按“回车键”确认。如果 C5 中返回 TRUE，则说明 A5 和 B5 中的数值均大于等于 60；如果返回 FALSE，则说明 A5 和 B5 中的数值至少有一个小于 60。

C5　=AND(A5>=60, B5>=60)

	A	B	C	D	E
1					
2					
3					
4					
5	61	58	FALSE		
6					

图 3-26　AND 函数应用范例

特别提醒：如果指定的逻辑条件参数中包含非逻辑值，则函数返回错误“#VALUE!”或“#NAME”。

2. CONCATENATE 函数

函数名称：CONCATENATE

主要功能：将多个字符文本或单元格中的数据连接在一起，显示在一个单元格中。

使用格式：CONCATENATE(Text1,Text2,…)

参数说明：Text1,Text2,…为需要连接的字符文本或引用的单元格。

应用举例：在 C2 单元格中输入公式：= CONCATENATE(A2,"@",B2,".com")，确认后，即可将 A2 单元格中字符、@、B2 单元格中的字符和 .com 连接成一个整体，显示在 C2 单元格中，如图 3-27 所示。

C2　=CONCATENATE(A2,"@",B2,".com")

	A	B	C	D	E
1	列1	列2	列3		
2	meteor001	cqczx	meteor001@cqczx.com		
3	meteor002	sina	meteor002@sina.com		
4	meteor003	163	meteor003@163.com		
5	meteor004	qq	meteor004@qq.com		
6	meteor005	cctv	meteor005@cctv.com		
7	meteor006	sohu	meteor006@sohu.com		
8	meteor007	hotmail	meteor007@hotmail.com		
9					

图 3-27　CONCATENATE 函数应用范例

特别提醒：如果参数不是引用的单元格，且为文本格式，则应给参数加上英文状态下的双引号；如果将上述公式改为：= A14&"@"&B14&".com"，也能达到相同的目的。

3. COUNTIF 函数

函数名称：COUNTIF

主要功能：统计某个单元格区域中符合指定条件的单元格数目。

使用格式：COUNTIF(Range,Criteria)

参数说明：Range 代表要统计的单元格区域；Criteria 表示指定的条件表达式。

应用举例：在 D2 单元格中输入公式：= COUNTIF(C1:C13,"> = 80")，确认后，即可统计出 C1 至 C13 单元格区域中数值大于等于 80 的单元格数目，如图 3-28 所示。

特别提醒：允许引用的单元格区域中有空白单元格出现。

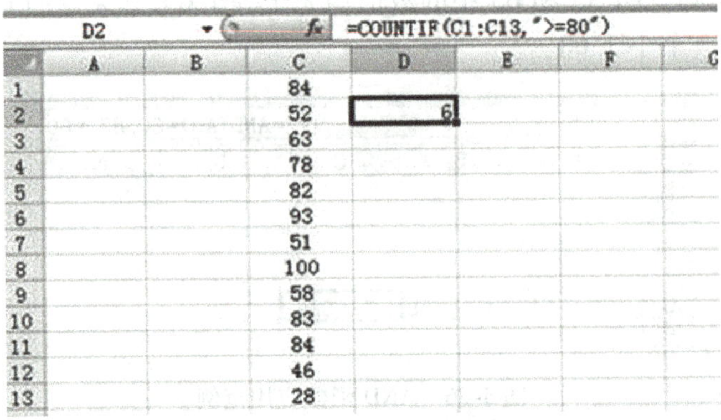

图 3-28　COUNTIF 函数应用范例

4. IF 函数

函数名称：IF

主要功能：根据对指定条件的逻辑判断的真假结果，返回相对应的内容。

使用格式：= IF(Logical, Value_if_true, Value_if_false)

参数说明：Logical 代表逻辑判断表达式；Value_if_true 表示当判断条件为逻辑“真(TRUE)”时的显示内容，如果忽略则返回“TRUE”；Value_if_false 表示当判断条件为逻辑“假(FALSE)”时的显示内容，如果忽略则返回“FALSE”。

应用举例：在 C3 单元格中输入公式：= IF(C2 > = 18,"符合要求""不符合要求")，确认以后，如果 C2 单元格中的数值大于或等于 18，则 C2 单元格显示“符合要求”字样，反之则显示“不符合要求”字样，如图 3-29 所示。

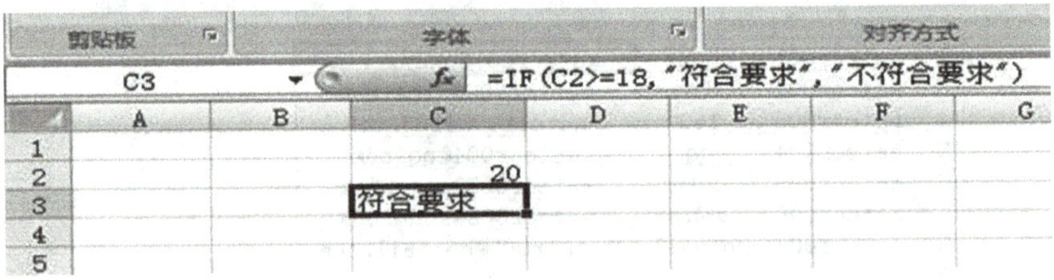

图 3-29　IF 函数应用范例

特别提醒：本文中类似“在 C3 单元格中输入公式”中指定的单元格，读者在使用时，并不需要受其约束，此处只是配合本文所附的实例需要而给出的相应单元格。

5. LEFT 函数

函数名称：LEFT

主要功能：从一个文本字符串的第一个字符开始，截取指定数目的字符。

使用格式：LEFT(Text, Num_chars)

参数说明：Text 代表要截字符的字符串；Num_chars 代表给定的截取数目。

应用举例：假定 A2 单元格中保存了“我喜欢天极网”的字符串，我们在 C2 单元格中输入公式：= LEFT(A2,3)，确认后即显示出“我喜欢”的字符，如图 3-30 所示。

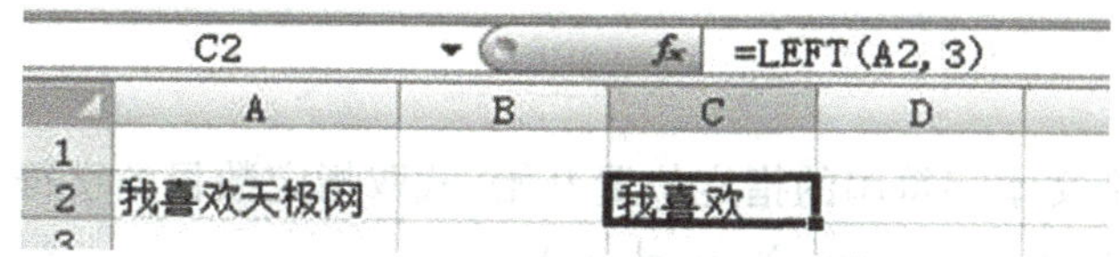

图 3-30 LEFT 函数应用范例

特别提醒：此函数名的英文意思为“左”，即从左边截取，EXCEL 很多函数都取其英文的意思。

RIGHT 函数与此函数对应，使用方法相同，此处不再赘述。

6. LEN 函数

函数名称：LEN

主要功能：统计文本字符串中字符数目。

使用格式：LEN(Text)

参数说明：Text 表示要统计的文本字符串。

应用举例：假定 A2 单元格中保存了“我今年 28 岁”的字符串，我们在 C2 单元格中输入公式：= LEN(A2)，确认后即显示出统计结果“6”，如图 3-31 所示。

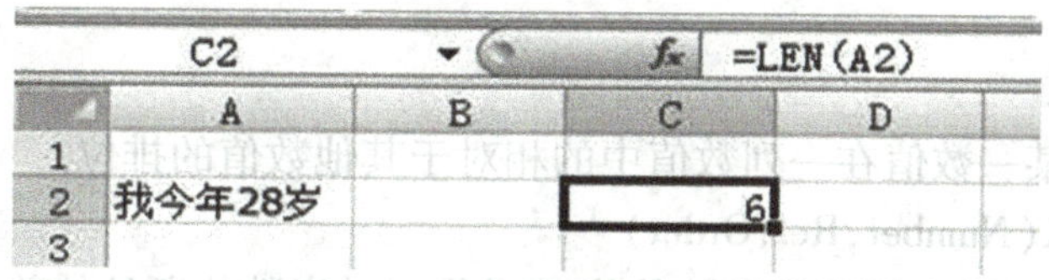

图 3-31 LEN 函数应用范例

特别提醒：LEN 函数统计时，无论是全角字符，还是半角字符，每个字符均计为“1”；与之相对应的一个函数——LENB，在统计时半角字符计为“1”，全角字符计为“2”。

7. MAX 函数

函数名称：MAX

主要功能：求出一组数中的最大值。

使用格式：MAX(Number1,Number2,…)

参数说明：Number1,Number2,…代表需要求最大值的数值或引用单元格(区域)，参数不超过 30 个。

应用举例：输入公式：= MAX(A1:F1,7,8,9,10)，确认后即可显示出 A1 至 F1 单元格区域以及数值 7、8、9、10 中的最大值，结果如图 3-32 所示。

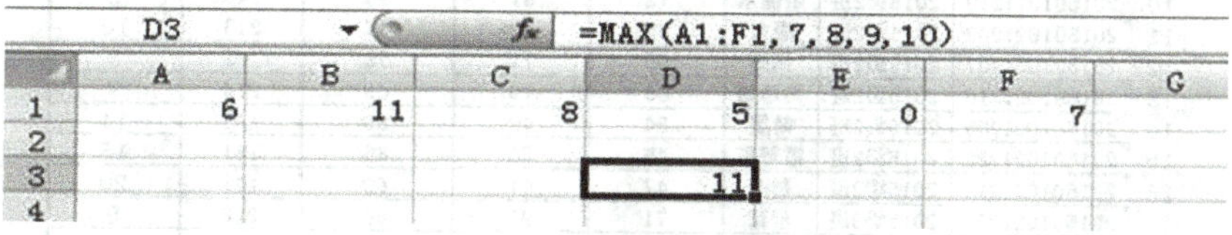

D3 =MAX(A1:F1,7,8,9,10)

	A	B	C	D	E	F	G
1	6	11	8	5	0	7	
2							
3				11			
4							

图 3-32 MAX 函数应用范例

特别提醒：如果参数中有文本或逻辑值，则忽略。

MIN 函数与此函数对应，使用方法相同，此处不再赘述。

8. MID 函数

函数名称：MID

主要功能：从一个文本字符串的指定位置开始，截取指定数目的字符。

使用格式：MID(Text,Start_num,Num_chars)

参数说明：Text 代表一个文本字符串；Start_num 表示指定的起始位置；Num_chars 表示要截取的数目。

应用举例：根据身份证号码提取出生年月日的信息，我们可以结合 CONCATENATE 函数进行操作：在 B2 单元格中输入公式：=CONCATENATE(MID(A2,7,4)"年",MID(A2,11,2),"月")，确认后即显示出“1998 年 11 月”的字符，如图 3-33 所示。

B2 =CONCATENATE(MID(A2,7,4),"年",MID(A2,11,2),"月")

	A	B	C	D	E	F	G
1	身份证号码	出生年月					
2	500202199811032068	1998年11月					
3							
4							

图 3-33　MID 函数应用范例

特别提醒：公式中各参数间，要用英文状态下的逗号“,”隔开。

9. RANK 函数

函数名称：RANK

主要功能：返回某一数值在一列数值中的相对于其他数值的排位。

使用格式：RANK(Number,Ref,Order)

参数说明：Number 代表需要排序的数值；Ref 代表排序数值所处的单元格区域；Order 代表排序方式参数（如果为“0”或者忽略，则按降序排列，即数值越大，排列结果数值越小；如果为非“0”值，则按升序排列，即数值越大，排列结果数值越大）。

应用举例：如在 H3 单元格中输入公式：=RANK(G3,$G$3:$G$22)，确认后即可得出该同学的总分成绩在全班成绩中的排列结果，如图 3-34 所示。

H3 =RANK(G3,$G$3:$G$22)

	A	B	C	D	E	F	G	H
1	期末考试成绩单							
2	学号	班级	姓名	语文	数学	英语	总分	排名
3	201501021206	2015级1班	周宇航	82	88	91	261	1
4	201501021203	2015级1班	荣志忱	60	72	98	230	4
5	201501021204	2015级1班	李佳煊	64	67	92	223	6
6	201501021209	2015级1班	杨涛	57	63	90	210	13
7	201501021218	2015级1班	洪江雨	47	48	60	155	19
8	201501021217	2015级1班	刘川晋	49	53	69	171	17
9	201501021215	2015级1班	陈浩迪	54	41	71	166	18
10	201501021219	2015级2班	余德水	72	81	90	243	2
11	201501021202	2015级2班	唐力	64	62	87	213	10
12	201501021207	2015级2班	杨婷	66	71	95	232	3
13	201501021210	2015级2班	熊春梅	68	79	69	216	9
14	201501021205	2015级2班	黄星	54	49	85	188	14
15	201501021222	2015级2班	雷舒航	45	50	86	181	15
16	201501021212	2015级2班	彭浩	47	41	60	148	20
17	201501021221	2015级3班	李智	71	91	66	228	5
18	201501021213	2015级3班	冯源	72	74	67	213	10
19	201501021216	2015级3班	徐亚	63	72	86	221	7
20	201501021214	2015级3班	刘江勇	66	53	92	211	12
21	201501021220	2015级3班	代渝金	60	67	92	219	8
22	201501021211	2015级3班	徐世锷	46	50	84	180	16

图 3-34　RANK 函数应用范例

特别提醒：在上述公式中，我们让 Number 参数采取了相对引用形式，而让 Ref 参数采取了绝对引用形式（增加了一个“$”符号），这样设置后，选中 G3 单元格，将鼠标移至该单元格右下角，成细十字线状时（通常称之为“填充柄”），按住左键向下拖拉，即可将上述公式快速复制到 H 列下面的单元格中，完成其他同学语文成绩的排名统计。

10. SUBTOTAL 函数

函数名称：SUBTOTAL

主要功能：返回列表或数据库中的分类汇总。

使用格式：SUBTOTAL（Function_num，Ref1，Ref2，…）

参数说明：Function_num 为 1 到 11（包含隐藏值）或 101 到 111（忽略隐藏值）之间的数字（其中 101 为求平均值，9 为求和），用来指定使用什么函数在列表中进行分类汇总计算；Ref1，Ref2，…代表要进行分类汇总的区域或引用不超过 29 个。

应用举例：如图 3-35 所示，在 D23 单元格中分别输入公式：=SUBTOTAL（101，D3：D22），填充至 G23，应用“筛选”功能，可以筛选出 2015 级 1 班。此时，平均值会根据筛选后的情况发生变化。

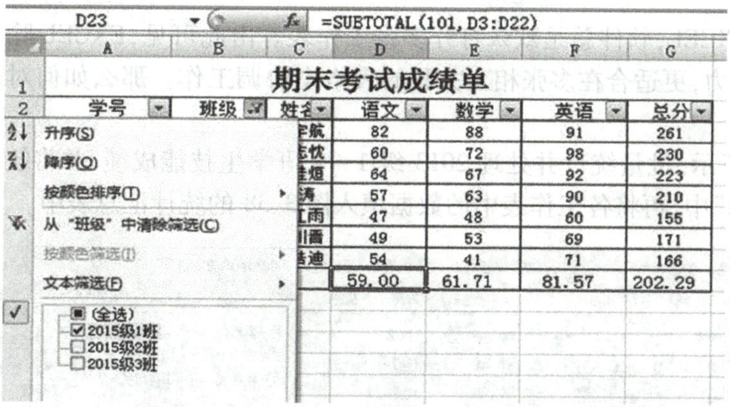

图 3-35 SUBTOTAL 函数应用范例

特别提醒：如果采取自动筛选，则无论 Function_num 参数选用什么类型，SUBTOTAL 函数忽略任何不包括在筛选结果中的行；SUBTOTAL 函数适用于数据列或垂直区域，不适用于数据行或水平区域。

11. VLOOKUP 函数

函数名称：VLOOKUP

主要功能：在数据表的首列查找指定的数值，并由此返回数据表当前行中指定列处的数值。

使用格式：VLOOKUP（Lookup_value，Table_array，Col_index_num，Range_lookup）

参数说明：Lookup_value 代表需要查找的数值；Table_array 代表需要在其中查找数据的单元格区域；Col_index_num 为在 table_array 区域中待返回的匹配值的列序号（当 Col_index_num 为 2 时，返回 Table_array 第 2 列中的数值；为 3 时，返回第 3 列的值……）；Range_lookup 为一逻辑值。如果为 TRUE 或省略，则返回近似匹配值，也就是说，如果找不到精确匹配值，则返回小于 Lookup_value 的最大数值；如果为 FALSE，则返回精确匹配值；如果找不到，则返回错误值#N/A。

应用举例：如图 3-36 所示，我们在 D65 单元格中输入公式：=VLOOKUP(D2,A2:B5,2,0)，确认后，只要在 D2 单元格中输入一个学生的姓名(如丁)，E2 单元格中即会显示出该学生的语言成绩。

E2　=VLOOKUP(D2,A2:B5,2,0)

	A	B	C	D	E	F
1	姓名	语言				
2	甲	48		丁	70	
3	乙	52				
4	丙	60				
5	丁	70				
6						

图 3-36　VLOOKUP 函数应用范例

特别提醒：Lookup_value 参数必须在 Table_array 区域的首列中；如果忽略 Range_lookup 参数，则 Table_array 的首列必须进行排序。

任务拓展

每次打开 EXCEL，软件总是默认打开多张工作表。由此可见，EXCEL 除了拥有强大的单张表格的处理能力，更适合在多张相互关联的表格中协调工作。那么如何对表格进行成组编辑呢？

如图 3-37 所示，批量统计并处理 2013 级 1～9 班学生技能成绩，并将统计数据放在各工作表的“E51:J52”中，再将各工作表中的数据填入图 3-38 的统计汇总表中。

5学生成绩统计（批处理）[工作组] - Microsoft Excel

C13　105

	A	B	C
1	学号	姓名	成绩
38	2013级5班	冉建华	140
39	2013级5班	袁野	101
40	2013级5班	陈霞	89
41	2013级5班	葛丹	102
42	2013级5班	陈艳	89
43	2013级5班	吴玥	153
44	2013级5班	黄英	83
45	2013级5班	张胜超	134
46	2013级5班	高庆	155
47	2013级5班	何海阳	141
48	2013级5班	陈汝佳	131
49	2013级5班	倪春	113
50	2013级5班	李春燕	110
51	2013级5班	刘鑫	114
52	2013级5班	艾胜茂	
53	2013级5班	邓琼利	159
54	2013级5班	段丙梅	77
55	2013级5班	冯芳	144

实到	应到	参赛率	平均值	达标人数	达标率
51	54	94%	118	50	93%

2013.1　2013.2　2013.3　2013.4　2013.5　2013.6　2013.7　2013.8　2013.9　统计汇总表　个人获奖

图 3-37　批量处理学生成绩单

学生录入技能十月份成绩统计汇总表

班级	十月（年级评比）		参赛人数			成绩		
	内容	达标值	实到	应到	参赛率	平均值	达标人数	达标率
13级1班	英文	80	50	54	93%	103	43	80%
13级2班	英文	80	50	51	98%	119	44	86%
13级3班	英文	80	51	51	100%	107	42	82%
13级4班	英文	80	52	54	96%	113	48	89%
13级5班	英文	80	51	54	94%	118	50	93%
13级6班	英文	80	52	53	98%	92	42	79%
13级7班	英文	80	50	53	94%	102	45	85%
13级8班	英文	80	54	54	100%	124	51	94%
13级9班	英文	80	48	50	96%	150	46	92%

图 3-38 学生成绩统计汇总表

操作提示

（1）选定多张工作表：首先我们单击第一个工作表的标签名“Sheet1”，然后按住 Shift 键，单击最后一张表格的标签名“Sheet3”（如果我们想关联的表格不在一起，则可以按住 Ctrl 键进行点选）。此时，我们看到 EXCEL 的标题栏上的名称出现了“工作组”字样，我们就可以进行对工作组的编辑工作了。

（2）成组工作表填充：即将多张表格中相同位置的数据统一改变格式。首先，我们得改变第一张表格的数据格式，再单击“编辑”菜单的“填充”选项，然后在其子菜单中选择“至同组工作表”。这时，EXCEL 会弹出“填充成组工作表”的对话框，在这里我们选择“格式”一项，单击“确定”后，同组中所有表格该位置的数据格式都改变了。

（3）批量修改工作表的表头及格式，将“学号”改为“班级”。

任务拓展

插入新工作表，并列出年级个人奖获奖名单。（实际参赛总人数的 5% 为一等奖，8% 为二等奖，10% 为三等奖。）

任务 4 制作个人简历

实训目标

请按照样表格式完成个人简历的制作与排版处理。

实训任务

请按照图 3-39 所示的格式制作一份个人简历，并根据自己的实际情况进行填写。

个人简历					
基本信息					
姓　名		性　别		民　族	
身　高		出生年月		政治面貌	
婚姻状况		户口所在地			
联系方式					
联系电话		电子邮件			
居住地址				邮政编码	
教育培训经历（高中以后情况）					
时　间	学　校	学　历	专　业	补充描述	
技能证书					
时　间	描　述				
工作经历					
时　间	单位名称				
自我评价					
备注					

图 3-39　个人简历格式模板

任务拓展

打开 EXCEL 工作簿文件，制作“损益表”（见图 3-40）并设置相应的公式或函数。

损益表		
编制单位：x有限责任公司		时间：2016-9
项　目	本期金额	上期金额
一、营业收入	52,115,644.68	36,786,678.04
减：营业成本	32,043,159.45	32,043,159.45
营业税金及附加	1,500.00	
销售费用	72158.41	71058.41
管理费用	111009.74	111009.74
财务费用	333582.91	333421.11
资产减值损失	12200	12200
加：公允价值变动收益（损失以“-”号填列）	0	0
投资收益（损失以“－”号填列）	0	0
其中：对联营企业和合营企业的投资收益		
二、营业利润（亏损以“－”号填列）		
加：营业外收入	6,729,931.00	6,729,931.00
减：营业外支出	149,400.00	149,400.00
其中：非流动资产处置损失		
三、利润总额（亏损总额以“－”号填列）		
减：所得税费用		
四、净利润（净亏损以“－”号填列）		
五、每股收益：		
（一）基本每股收益		
（二）稀释每股收益		

图3-40　损益表

任务5　制作工作备忘录

实训目标

1. 复习 IF 函数的使用方法。
2. 复习数据有效性的用法。
3. 了解 TODAY 函数的用法。

实训任务

1. 新建空白表格，完成基本框架。
2. 在 B5 单元格取当前日期，即：输入函数（ = TODAY( )），向下填充后将 B 列隐藏。
3. 在 H5 单元格输入 = IF(F5 = "","",IF(G5 = "未完成",F5 - B5,"已经完成"))，并向下填充。
4. 在 K5 单元格输入“未完成”，K6 单元格输入“ = TODAY( )”，将 K 列隐藏。
5. G5 单元格可自行输入实际完成日期，也可设置下拉菜单。设置下拉菜单方式参照之前的实例。此处以 G6 单元格为例，可按如下步骤进行设置：

(1)选择 G6 单元格。

(2)选择菜单“数据 - 数据有效性 - 数据有效性”，如图 3-41 所示。

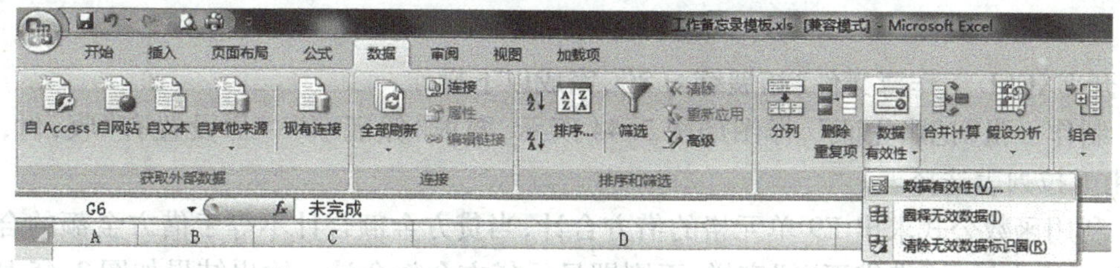

图3-41　选择“数据有效性”

(3)按照图 3-42 进行设置。

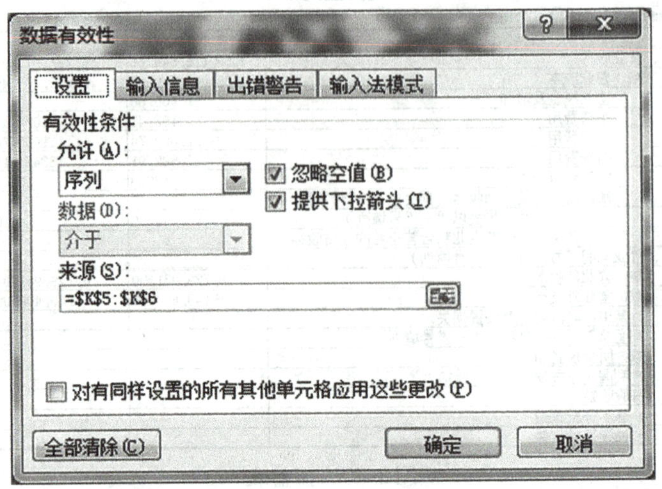

图 3-42　数据有效性设置

(4)若要将其他多个单元格进行同样的操作,可先选定多个单元格,然后再按照上面的方法进行同样的设置。

6. 完成单元格及艺术字的美化,最终效果如图 3-43 所示。

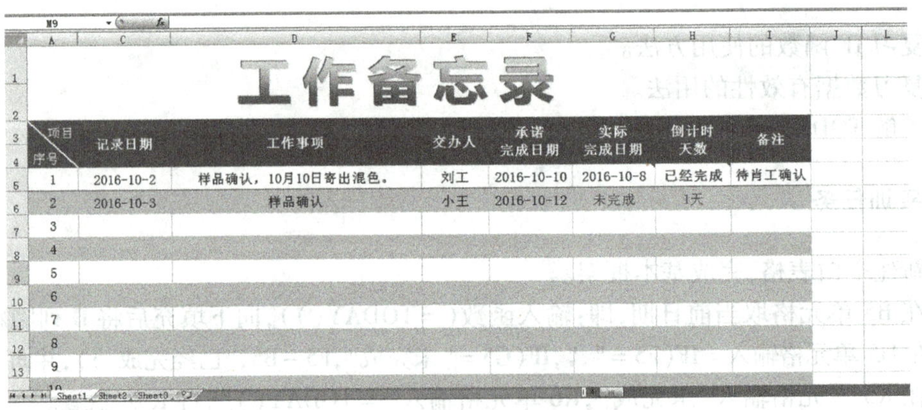

图 3-43　工作备忘录版式效果

任务拓展

打开 EXCEL 工作簿文件“拓展练习 2”,完成以下操作:

1. 制作一张“记账凭证”,样图如图 3-44 所示,要求“凭证字”一栏设置有“收,付,转”序列,可用下拉列表选择。

2. 利用函数公式求出 E9 单元格的借方合计,当贷方金额合计不等于借方金额的合计时,在 F9 单元格中显示“借贷不平”字样,否则即显示贷方金额合计。输出结果如图 3-45 所示。

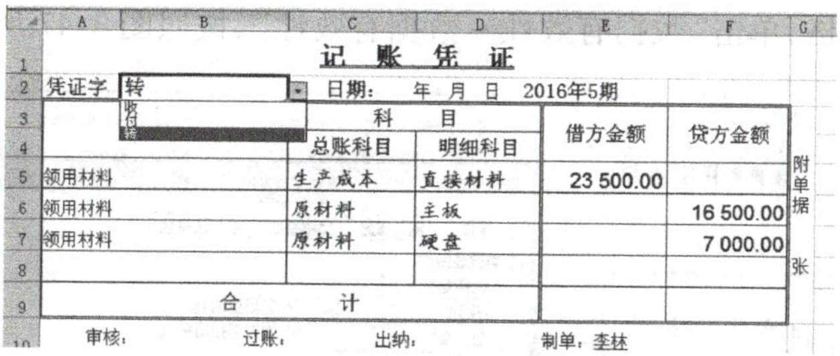

记账凭证						
凭证字	转	日期: 年 月 日	2016年5期			
		科目		借方金额	贷方金额	
		总账科目	明细科目			
领用材料		生产成本	直接材料	23 500.00		附单据
领用材料		原材料	主板		16 500.00	
领用材料		原材料	硬盘		7 000.00	张
合		计				
审核:	过账:	出纳:	制单:李林			

图 3-44 记账凭证模板

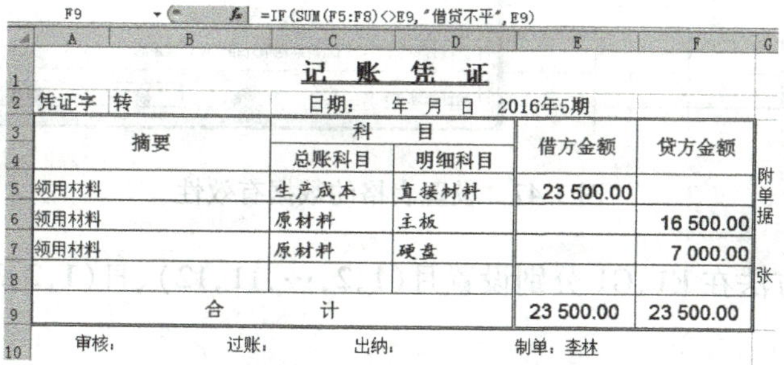

F9 =IF(SUM(F5:F8)<>E9,"借贷不平",E9)

记账凭证						
凭证字	转	日期: 年 月 日	2016年5期			
摘要		科目		借方金额	贷方金额	
		总账科目	明细科目			
领用材料		生产成本	直接材料	23 500.00		附单据
领用材料		原材料	主板		16 500.00	
领用材料		原材料	硬盘		7 000.00	张
合		计		23 500.00	23 500.00	
审核:	过账:	出纳:	制单:李林			

图 3-45 记账凭证函数设置

任务6 制作考勤签到表

实训目标

1. 复习 EXCEL 表格的基本操作。
2. 复习数据有效性的用法。
3. 了解 WEEKDAY、TEXT 等函数的用法。

实训任务

1. 新建空白表格,完成基本框架,如图 3-46 所示。

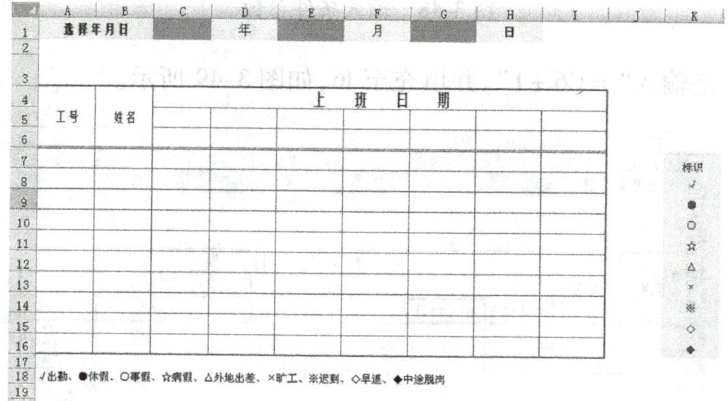

图 3-46 新建空白表格

2. 选择 C1 单元格,单击“数据有效性－数据有效性”,按照图 3-47 所示设置年份备选项。

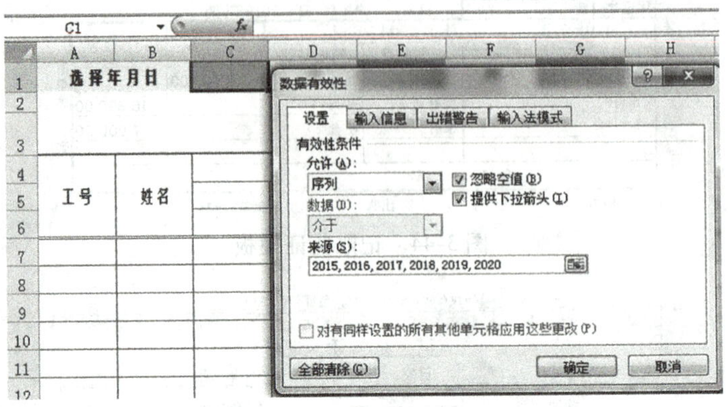

图 3-47　设置表格的数据有效性

3. 根据以上的方法在 E1、G1 分别设置月(1,2,…,11,12)、日(1,2,3,…,29,30,31)的可选参数。

4. 在 C6 单元格输入“ = E1&"月"&G1&"日"”,如图 3-48 所示。

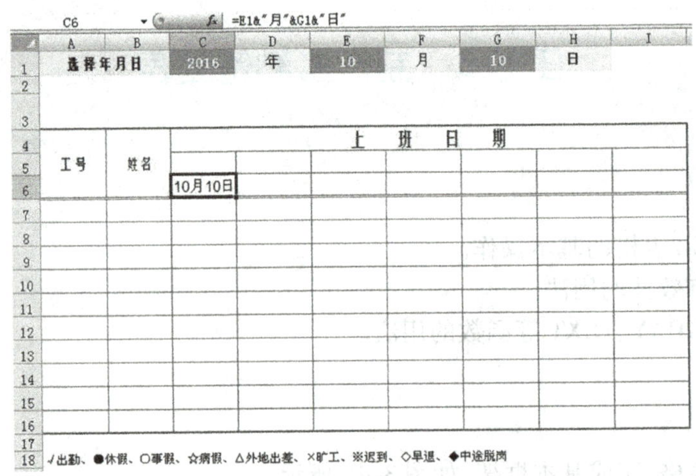

图 3-48　输入条件参数

5. 在 D6 单元格输入“ = C6 + 1”,并填充至 I6,如图 3-49 所示。

D6　=C6+1

	A	B	C	D	E	F	G	H	I
1	选择年月日		2016	年	10	月	10	日	
4	工号	姓名	上班日期						
6			10月10日	10月11日					

图 3-49　单元格填充

6. 在 C5 单元格输入“ = CHOOSE(WEEKDAY(C6,2)"星期一","星期二","星期三","星期四","星期五","星期六","星期日")”,并填充至 I5,如图 3-50 所示。

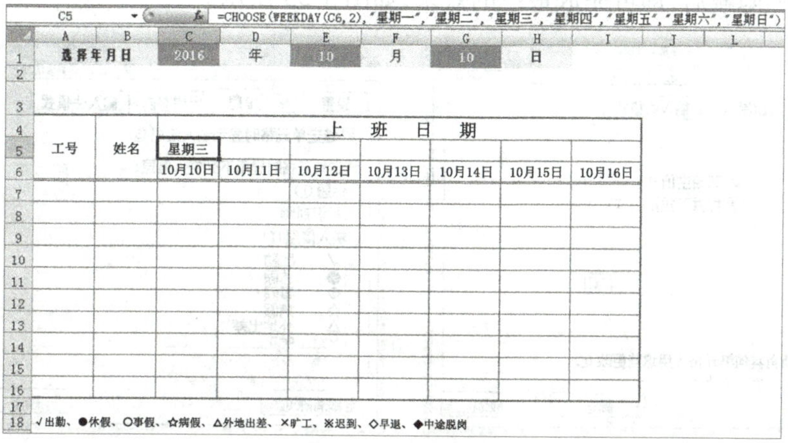

图 3-50 输入条件函数

7. 将 A3:I3 单元格合并且居中,然后输入“ = TEXT(C6,"m 月 d 日")&"至"&TEXT(I6,"m 月 d 日")&"上班签到表"”,如图 3-51 所示。

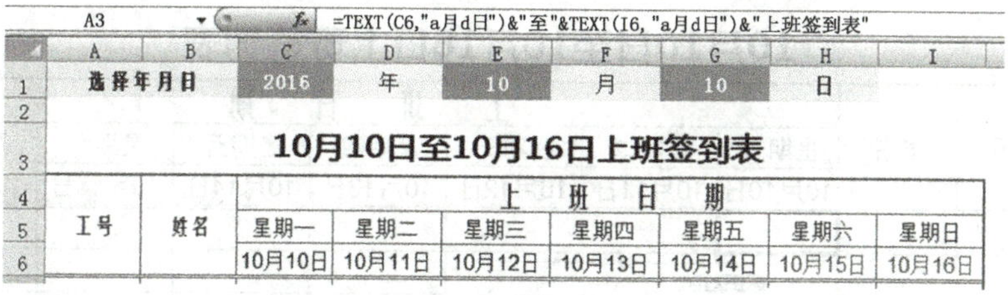

图 3-51 上班签到表版式设置

8. 用鼠标左键选定 K8:K16,再单击左上角名称框,输入“标识”,如图 3-52 所示。

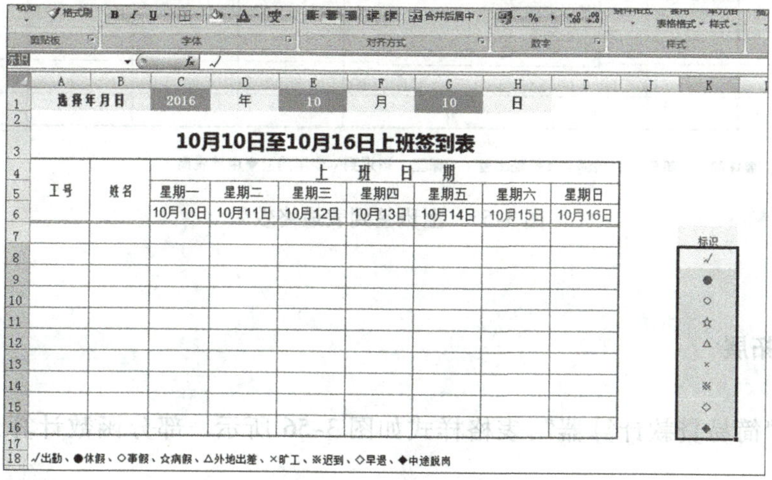

图 3-52 输入“标识”

9. 选择 C7:I16 单元格，然后选择“数据有效性－数据有效性”，在“设置”和“输入信息”选项卡中分别按照如图 3-53 和图 3-54 进行设置。

10. 将 K 列隐藏后，即可完成最终的效果，如图 3-55 所示。

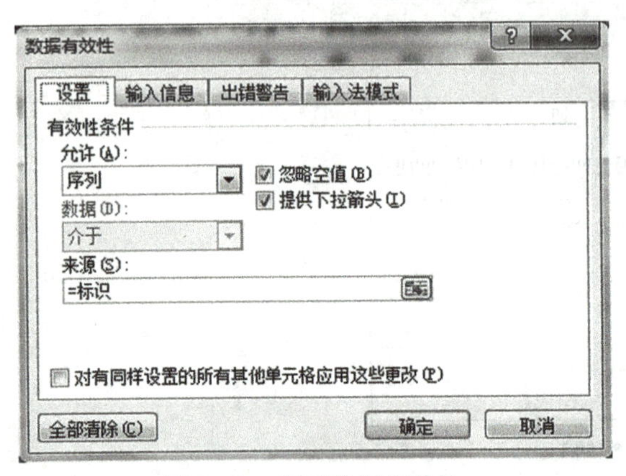

图 3-53　设置数据有效性

数据有效性
设置 输入信息 出错警告 输入法模式
选定单元格时显示输入信息(S)
选定单元格时显示下列输入信息:
标题(T):
标识对照
输入信息(I):
√ 出勤
● 休假
◇ 事假
☆ 病假
△ 外地出差
× 旷工
全部清除(C) 确定 取消

图 3-54　输入数据有效性信息

选择年月日		2016	年	10	月	10	日	
10月10日至10月16日上班签到表								
工号	姓名	上班日期						
		星期一	星期二	星期三	星期四	星期五	星期六	星期日
		10月10日	10月11日	10月12日	10月13日	10月14日	10月15日	10月16日

标识对照
√ 出勤
● 休假
○ 事假
☆ 病假
△ 外地出差
× 旷工
※ 迟到
◇ 早退
◆ 中途脱岗

√出勤、●休假、○事假、☆病假、△外地出差、×旷工、※迟到、◇早退、◆中途脱岗

图 3-55　上班签到表最终效果

任务拓展

制作一份“简易贷款计算器”，表格样式如图 3-56 所示。部分函数计算公式如图 3-57 所示。

数值录全否	1
付款到期否	内定"=IF(付款编号<=付款次数,1,0)"
起始行	17
行末	257
付款日期	内定"=DATE(YEAR(贷款日期),MONTH(贷款日期)+付款编号,DAY(贷款日期))"
付款编号	内定 "=ROW()-起始行 "
月付本息	￥749.50
本金	内定"=-PPMT(年利率/12,付款编号,付款次数,贷款金额)"
利息	内定"=-IPMT(年利率/12,付款编号,付款次数,贷款金额)"
期初余额	内定"=-FV(年利率/12,付款编号-1,-月付金额,贷款金额)"
期末余额	内定"=-FV(年利率/12,付款编号,-月付本息,贷款金额)"
	1

图 3-56 简易贷款计算器

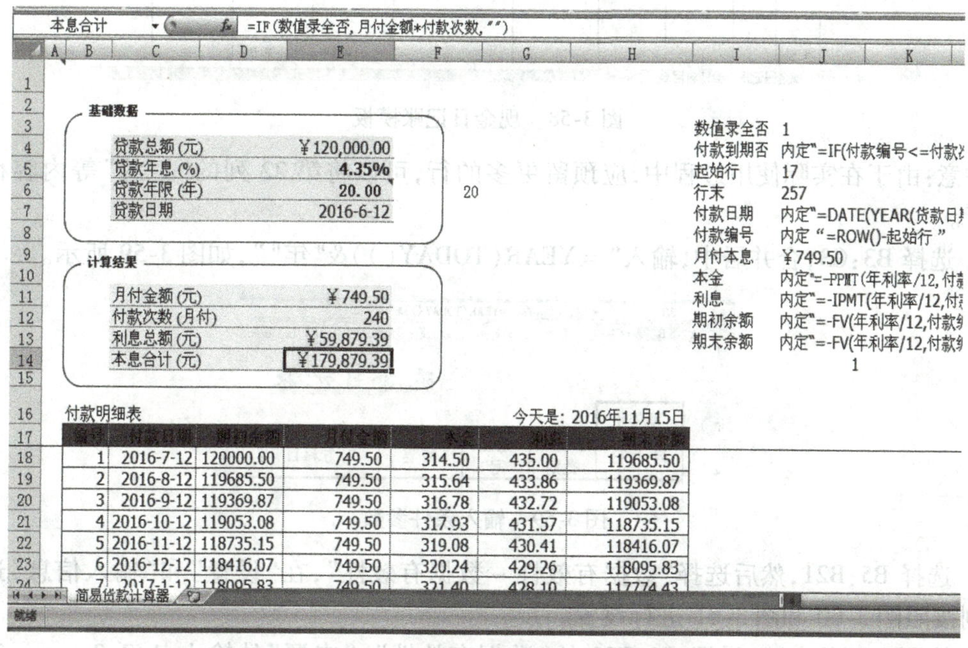

图 3-57 函数计算公式参考范例

任务7 制作现金日记账

实训目标

1. 复习 EXCEL 表格的基本操作。
2. 复习数据有效性的用法。
3. 撑握 AND、SUBTOTAL 等函数的用法。

实训任务

1. 新建空白表格，完成基本框架，如图 3-58 所示。

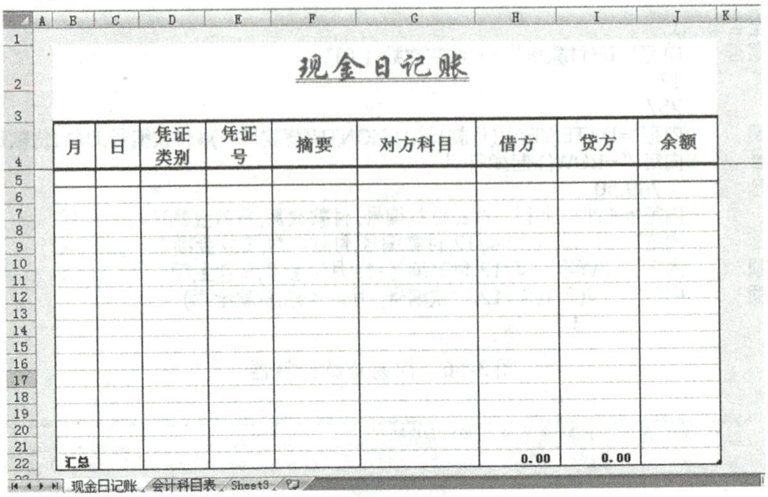

现金日记账

月	日	凭证类别	凭证号	摘要	对方科目	借方	贷方	余额
汇总						0.00	0.00	

现金日记账 会计科目表 Sheet3

图 3-58 现金日记账模板

注意：由于在实际使用过程中，应预留更多的行，可以将第 22 列的“汇总”等内容移至后面的行。

2. 选择 B3：C3，合并居中，输入“ = YEAR(TODAY())&"年"”，如图 3-59 所示。

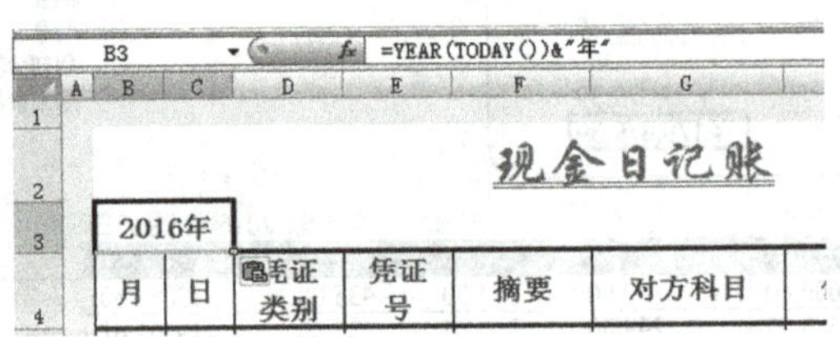

图 3-59 输入条件参数

3. 选择 B5：B21，然后选择“数据有效性 - 数据有效性”，在“设置”和“输入信息”选项卡中分别按照图 3-60 和图 3-61 进行设置。

4. 按照上面的方法，设置 C6：C21 的“数据有效性”，“来源”处输入：1，2，3，……，29，30，31，如图 3-62 和图 3-63 所示。

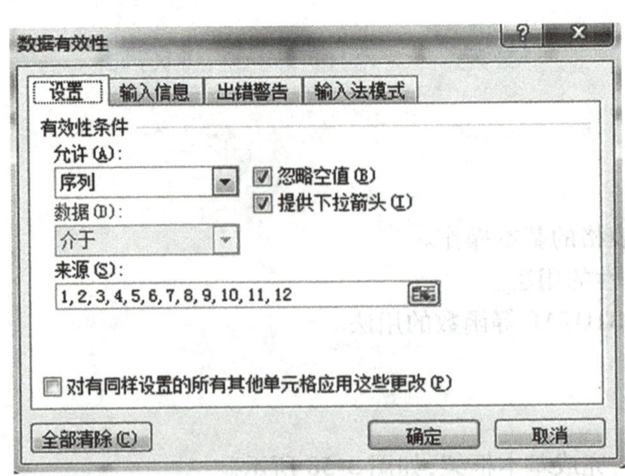

图 3-60 设置“数据有效性”

数据有效性
设置
输入信息
出错警告
输入法模式
选定单元格时显示输入信息(S)
选定单元格时显示下列输入信息:
标题(T):
输入信息(I):
输入月份
全部清除(C)
确定
取消

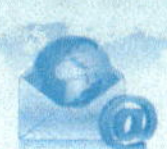

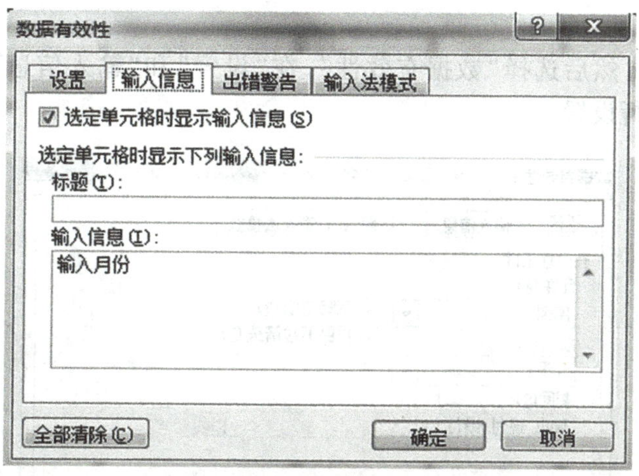

图 3-61　输入"数据有效性"信息

数据有效性
设置
输入信息
出错警告
输入法模式
有效性条件
允许(A):
序列
忽略空值(B)
提供下拉箭头(I)
数据(D):
介于
来源(S):
1, 2, 3, 4, 5, 6, 7, 8, 9, 10, 11, 12, 13, 14, 15, 16
对有同样设置的所有其他单元格应用这些更改(P)
全部清除(C)
确定
取消

图 3-62　设置"数据有效性"

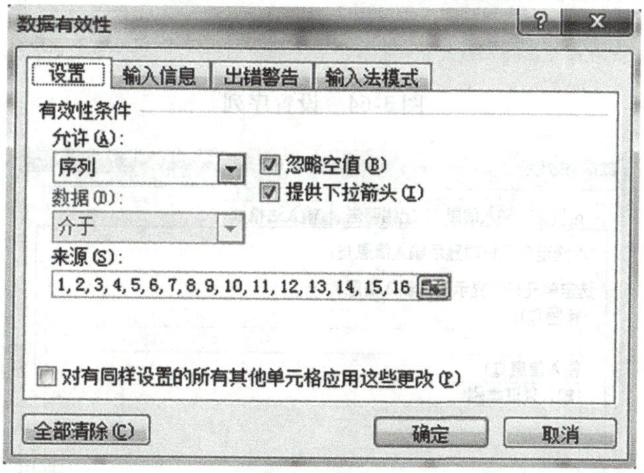

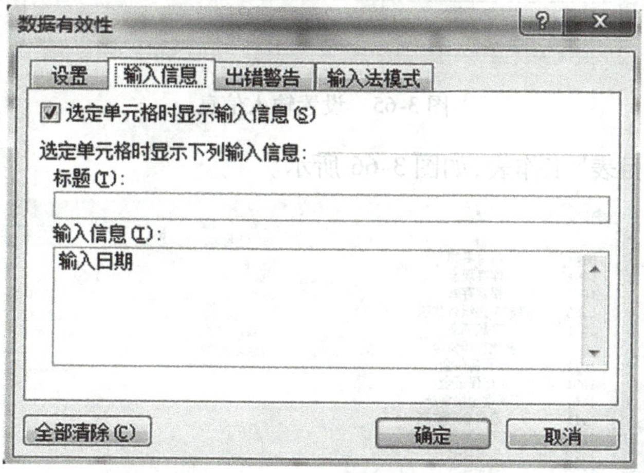

数据有效性
设置
输入信息
出错警告
输入法模式
选定单元格时显示输入信息(S)
选定单元格时显示下列输入信息:
标题(T):
输入信息(I):
输入日期
全部清除(C)
确定
取消

图 3-63　输入"数据有效性"信息

5. 按照同样的方法，在 E6:E21、F6:F21、H6:H21、I6:I21 和 J5 的"数据有效性"的"输入信息"选项卡分别输入"输入凭证号""输入摘要""输入借方金额""输入贷方金额"和"输入期初余额”。

6. 选择 D5:D21,然后选择“数据有效性”,在“设置”和“输入信息”选项卡中分别按照图 3-64和图 3-65 进行设置。

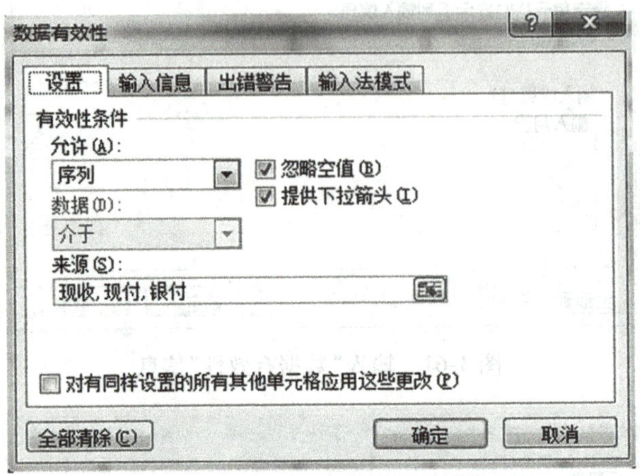

图 3-64　设置序列

数据有效性

设置　输入信息　出错警告　输入法模式

选定单元格时显示输入信息(S)

选定单元格时显示下列输入信息:

标题(T):

输入信息(I):

输入凭证类别

全部清除(C)　确定　取消

图 3-65　设置输入信息

7. 新建“会计科目表”工作表,如图 3-66 所示。

现金日记账.xlsx

	A	B	C	D	E	F	G	H
1	编码	科目名称						
2	1001	库存现金						
3	1002	银行存款						
4	1003	存放中央银行款项						
5	1011	存放同业						
6	1012	其他货币资金						
7	1021	结算备付金						
8	1031	存出保证金						
9	1101	交易性金融资产						
10	1111	买入返售金融资产						
11	1121	应收票据						
12	1122	应收账款						
13	1123	预付账款						
14	1131	应收股利						
15	1132	应收利息						
16	1201	应收代位追偿款						

现金日记账　会计科目表　Sheet3

图 3-66　新建现金日记账

8. 单击 B 列列标,然后再单击名称框输入“对方科目”,如图 3-67 所示。

对方科目   fx 科目名称

	A	B	C
1	编码	科目名称	
2	1001	库存现金	
3	1002	银行存款	
4	1003	存放中央银行款项	
5	1011	存放同业	
6	1012	其他货币资金	
7	1021	结算备付金	
8	1031	存出保证金	

图 3-67　设置“对方科目”

9. 选择“现金日记账”工作表,选择 G6:G21,进入“数据有效性”,按照图 3-68 所示进行设置。

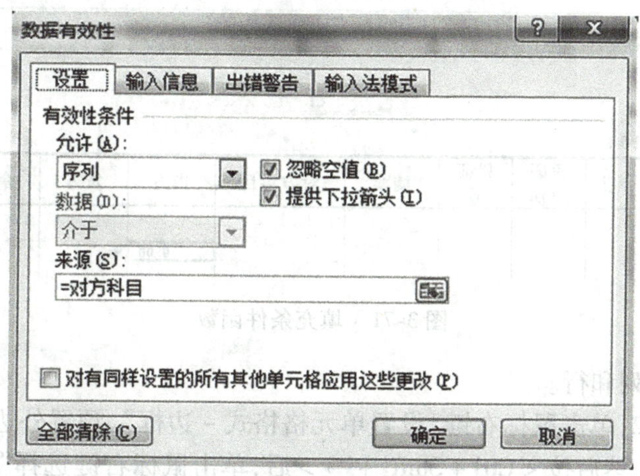

图 3-68　设置工作表“数据有效性”信息

10. 在 J6 单元格输入“ = IF(AND(H6 = "" , I6 = "") , "" , J5 + H6 - I6)”,并往下填充至 J21,如图 3-69 所示。

J6   fx =IF(AND(H6="",I6=""),"",J5+H6-I6)

现金日记账

2016年

月	日	凭证类别	凭证号	摘要	对方科目	借方	贷方	余额

图 3-69　填写“现金日记账”条件函数

11. 单击第 5 行,按照图 3-70 所示进行窗格冻结。

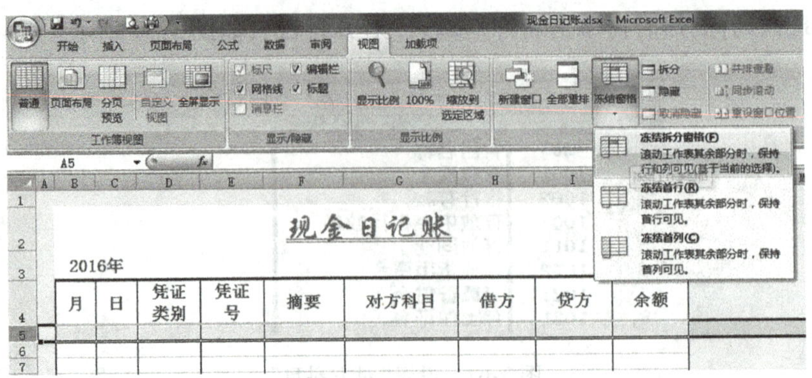

图 3-70　窗口冻结操作

12. 选择 H22,输入“ =SUBTOTAL(109,H6:H21)”,并填充至 I22,如图 3-71 所示。

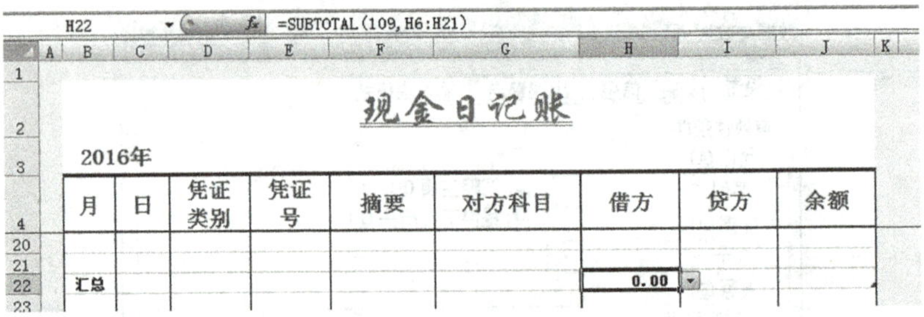

图 3-71　填充条件函数

13. 隐藏多余的列和行。

(1)选择 A1:K22,单击鼠标右键“设置单元格格式 - 边框”,预置外边框。

(2)选择第 L 列,然后按 <Ctrl + Shift ＋→>后,单击鼠标右键选择“隐藏”选项。这样右侧的表格都隐藏了。

(3)选择第 23 行,然后按 <Ctrl + Shift ＋↓>后,单击鼠标右键选择“隐藏”选项。这样下方的表格都隐藏了。

以上操作如图 3-72 ~ 图 3-74 所示。

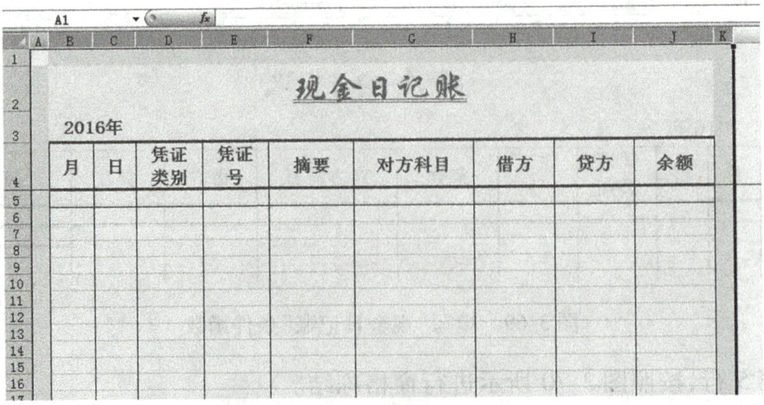

图 3-72　选择工作表预置外边框有效区域

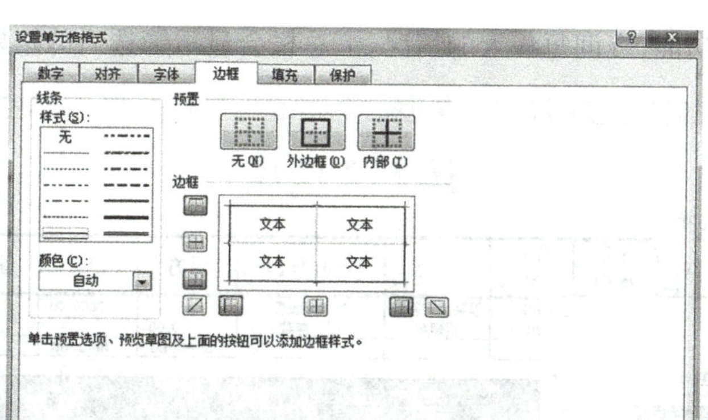

图 3-73 设置表格外边框

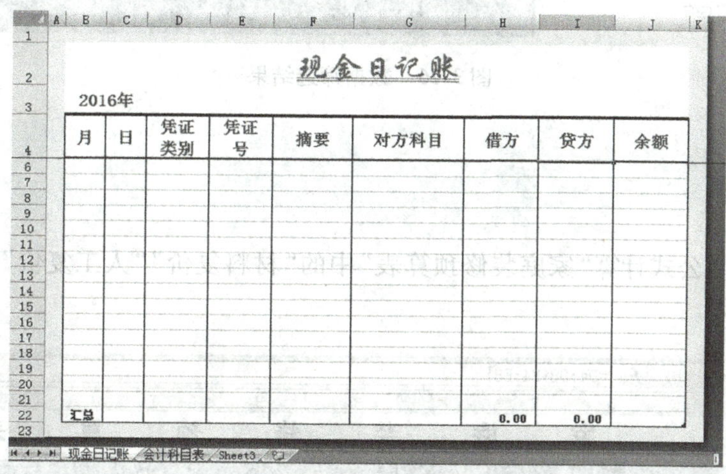

现金日记账

2016年

月	日	凭证类别	凭证号	摘要	对方科目	借方	贷方	余额
汇总						0.00	0.00	

图 3-74 隐藏工作表下方单元格

14. 输入数据，检验效果，如图 3-75 所示。

现金日记账

2018年

月	日	凭证类别	凭证号	摘要	对方科目	借方	贷方	余额
6	25			期初余额				4,017.19
6	26	现付	201	购买办公用品	管理费用		287.65	3,729.54
6	28	现付	202	李某借旅差费	其他应收款		3000.00	729.54
	28	银付	302	提现金	银行存款	3000.00		3,729.54
6	30	现收	501	李某交回余款	其他应收款	86.00		3,815.54
	30	现收	502	出售废品	营业外收入	28.00		3,843.54
汇总						3114.00	3287.65	

图 3-75 工作表设置效果

15. 可结合筛选功能，查询每一天的情况，汇总栏会显示筛选后的结果，如图 3-76 所示。

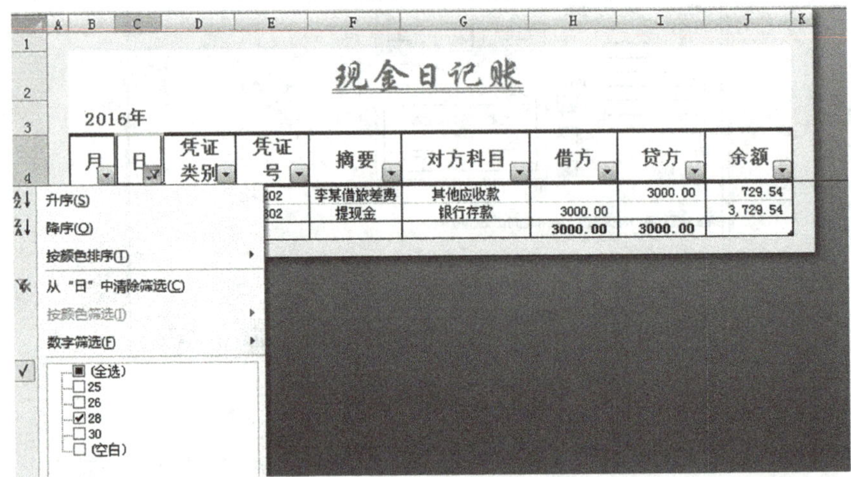

图 3-76 数据筛选结果

任务拓展

利用数组函数公式计算“家庭装修预算表”中的“材料复价”“人工复价”及“合计”，完成后如图 3-77 所示。

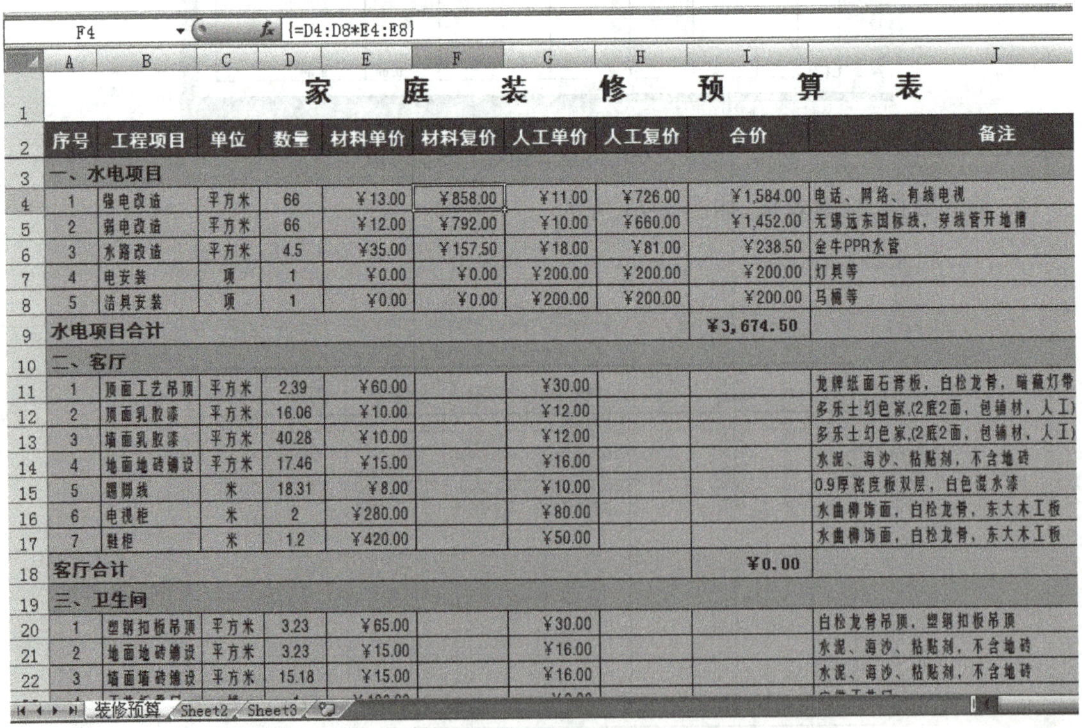

F4 {=D4:D8*E4:E8}

家 庭 装 修 预 算 表

序号	工程项目	单位	数量	材料单价	材料复价	人工单价	人工复价	合价	备注
一、水电项目									
1	强电改造	平方米	66	¥13.00	¥858.00	¥11.00	¥726.00	¥1,584.00	电话、网络、有线电视
2	弱电改造	平方米	66	¥12.00	¥792.00	¥10.00	¥660.00	¥1,452.00	无锡远东国标线，穿线管开地槽
3	水路改造	平方米	4.5	¥35.00	¥157.50	¥18.00	¥81.00	¥238.50	金牛PPR水管
4	电安装	项	1	¥0.00	¥0.00	¥200.00	¥200.00	¥200.00	灯具等
5	洁具安装	项	1	¥0.00	¥0.00	¥200.00	¥200.00	¥200.00	马桶等
水电项目合计								¥3,674.50	
二、客厅									
1	顶面工艺吊顶	平方米	2.39	¥60.00		¥30.00			龙牌纸面石膏板，白松龙骨，暗藏灯带
2	顶面乳胶漆	平方米	16.06	¥10.00		¥12.00			多乐士幻色家,(2底2面，包辅材，人工)
3	墙面乳胶漆	平方米	40.28	¥10.00		¥12.00			多乐士幻色家,(2底2面，包辅材，人工)
4	地面地砖铺设	平方米	17.46	¥15.00		¥16.00			水泥、海沙、粘贴剂，不含地砖
5	踢脚线	米	18.31	¥8.00		¥10.00			0.9厚密度板双层，白色混水漆
6	电视柜	米	2	¥280.00		¥80.00			水曲柳饰面，白松龙骨，东大木工板
7	鞋柜	米	1.2	¥420.00		¥50.00			水曲柳饰面，白松龙骨，东大木工板
客厅合计								¥0.00	
三、卫生间									
1	塑钢扣板吊顶	平方米	3.23	¥65.00		¥30.00			白松龙骨吊顶，塑钢扣板吊顶
2	地面地砖铺设	平方米	3.23	¥15.00		¥16.00			水泥、海沙、粘贴剂，不含地砖
3	墙面墙砖铺设	平方米	15.18	¥15.00		¥16.00			水泥、海沙、粘贴剂，不含地砖

装修预算 Sheet2 Sheet3

图 3-77 家庭装修预算表

任务8 制作记账凭证

实训目标

1. 复习 EXCEL 表格的基本操作。
2. 掌握条件格式的用法。
3. 了解 SUM、TODAY 等函数的用法。

实训任务

1. 新建空白表格，完成基本框架，如图 3-78 所示。

图 3-78 新建空白表格模板

2. 添加新工作表“总账科目”，并命名为“总账科目”，然后再设置 F6:F11 区域的数据有效性，如图 3-79 和图 3-80 所示。

	A	B
1	编码	科目名称
2	1001	库存现金
3	1002	银行存款
4	1003	存放中央银行款项
5	1011	存放同业
6	1012	其他货币资金
7	1021	结算备付金
8	1031	存出保证金
9	1101	交易性金融资产
10	1111	买入返售金融资产
11	1121	应收票据
12	1122	应收账款
13	1123	预付账款

图 3-79 添加“总账科目”工作表

数据有效性
设置 输入信息 出错警告 输入法模式
有效性条件
允许(A):
序列
☑ 忽略空值(B)
☑ 提供下拉箭头(I)
数据(D):
介于
来源(S):
=总账科目
☐ 对有同样设置的所有其他单元格应用这些更改(P)
全部清除(C) 确定 取消

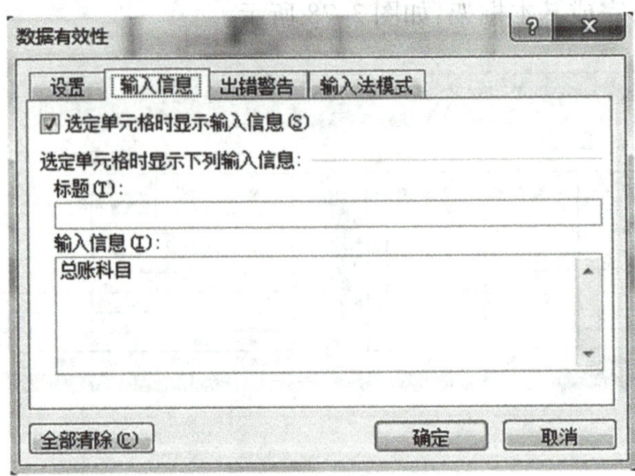

图 3-80　设置单元格“数据有效性”

3. 在 C6:C11、G6:G11、K3、D13、F13、H13、J13 和 L13 的“数据有效性”的“输入信息”选项卡内分别设置为“输入摘要”“明细科目”“输入凭证号”“财务主管签名”“记账人签名”“出纳签名”“审核人签名”和“制单人签名”。

4. 在 J3 单元格设置数据有效性，如图 3-81 所示。

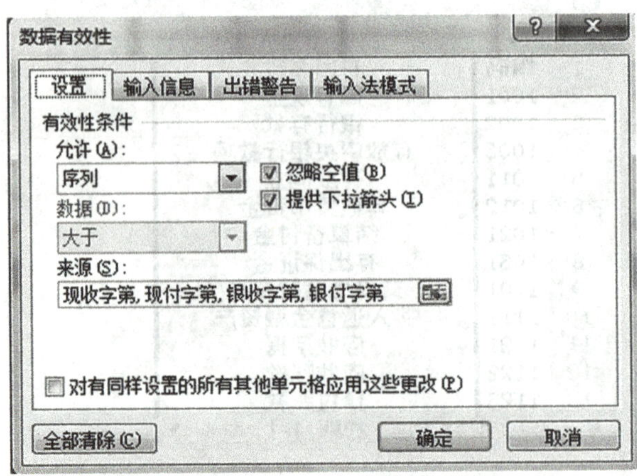

图 3-81　设置“数据有效性”信息

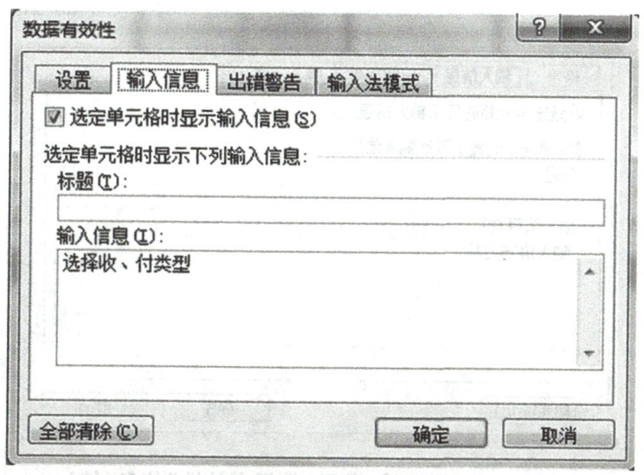

图 3-81　设置“数据有效性”信息(续)

5. 将 F3:H3 单元格合并并居中,输入“ = TODAY( )”,如图 3-82 所示。

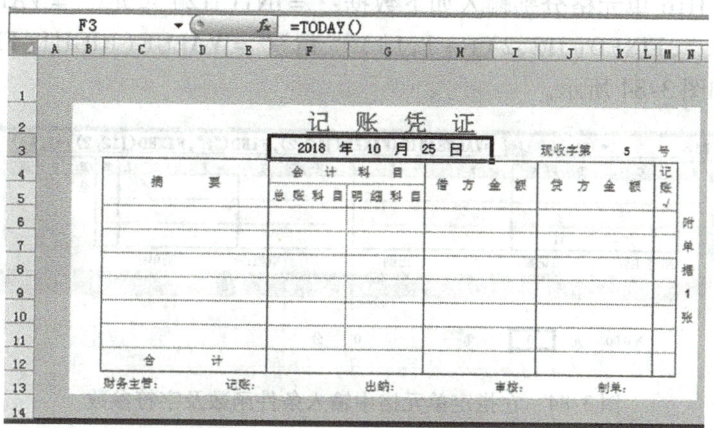

图 3-82　输入日期信息

6. 分别设置 H6:H11 和 J6:J11 区域的数据有效性,如图 3-83 所示。

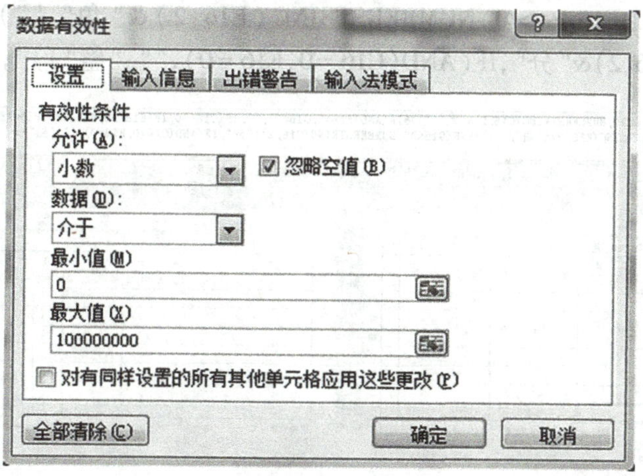

数据有效性
设置　输入信息　出错警告　输入法模式
有效性条件
允许(A):
小数
☑ 忽略空值(B)
数据(D):
介于
最小值(M)
0
最大值(X)
100000000
☐ 对有同样设置的所有其他单元格应用这些更改(P)
全部清除(C)　确定　取消

图 3-83　选择区域,设置“数据有效性”信息

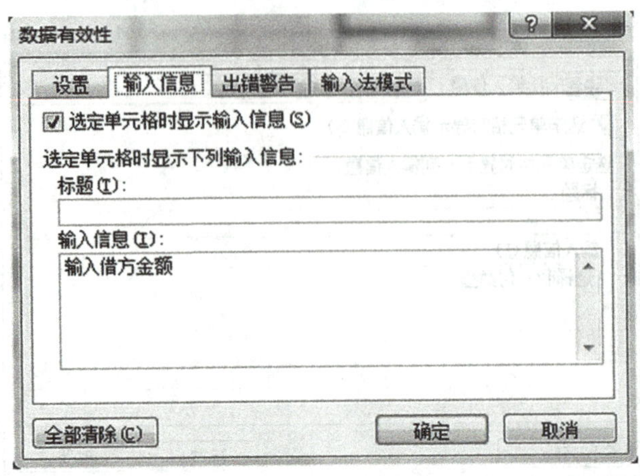

图 3-83　选择区域,设置“数据有效性”信息(续)

注意:J6:J11 区域的输入信息应为“输入贷方金额”。

7. 在 C16 至 H16 单元格分别输入如下数据:“ = INT(J12)”“元”“ = VALUE(MID(FIXED (J12,2),FIND(". ",FIXED(J12,2)) +1,1))”“角”“ = VALUE(RIGHT(FIXED(J12 * 100, 0),1))”“分”,如图 3-84 所示。

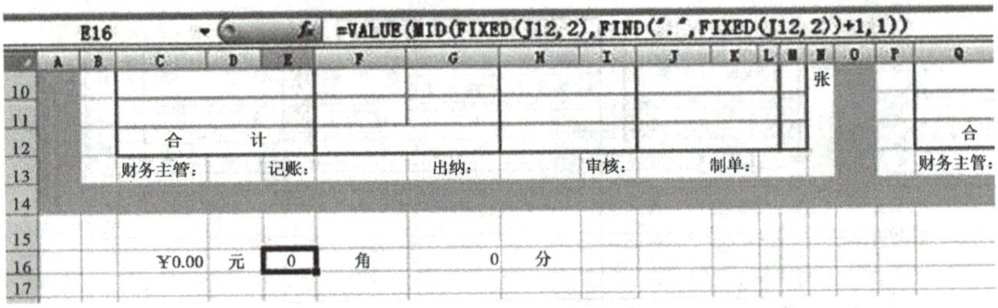

图 3-84　在指定单元格中输入条件函数及字符参数

设置好后可将第 15、16 行隐藏。

8. 将 F12:G12 单元格合并且居中,输入“ = IF(C16 < >0, NUMBERSTRING(C16,2) & "元","")&IF(AND(E16 =0,G16 =0),"",IF(C16 < >0,IF(E16 < >0,NUMBERSTRING(E16, 2)&"角","零"),IF(E16 < >0,NUMBERSTRING(E16,2)&"角",""))) &IF(G16 < >0, NUMBERSTRING(G16,2)&"分",IF(AND(C16 =0,E16 =0),"","整"))”,如图 3-85 所示。

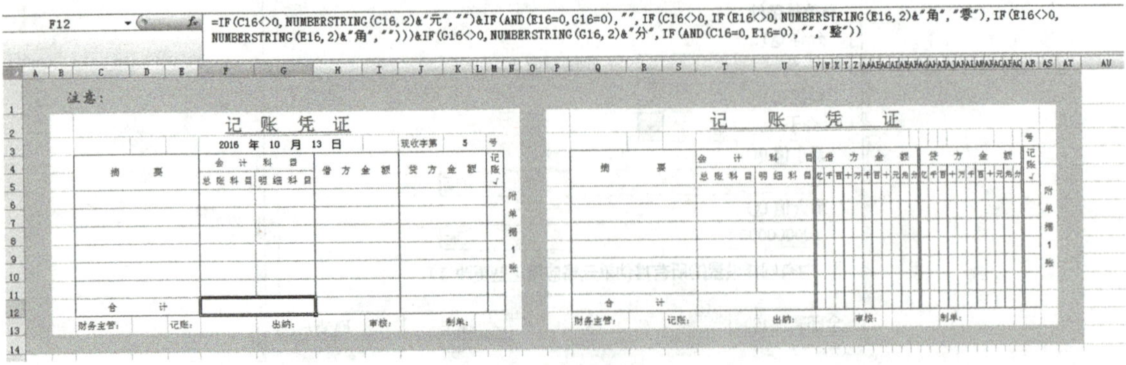

图 3-85　在单元格中输入条件函数

9. 在 H12 单元格输入以下公式："=SUM(H6:I11)"，并复制到 J12，如图 3-86 所示。

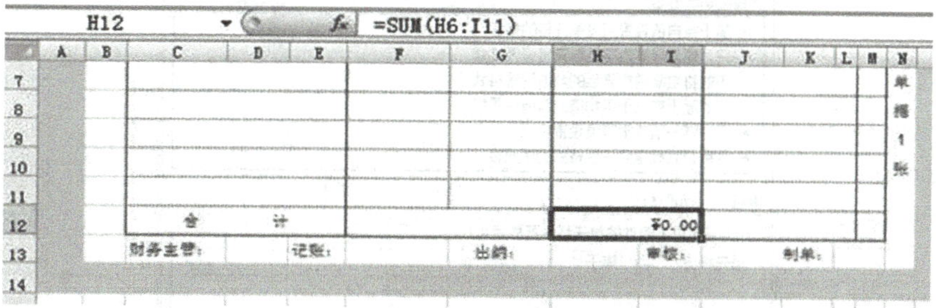

图 3-86　在 H12 单元格输入条件函数

10. 除 V6:AQ12 区域外，其他区域对照左侧区域，依次设置各单元格的公式，如图 3-87所示。

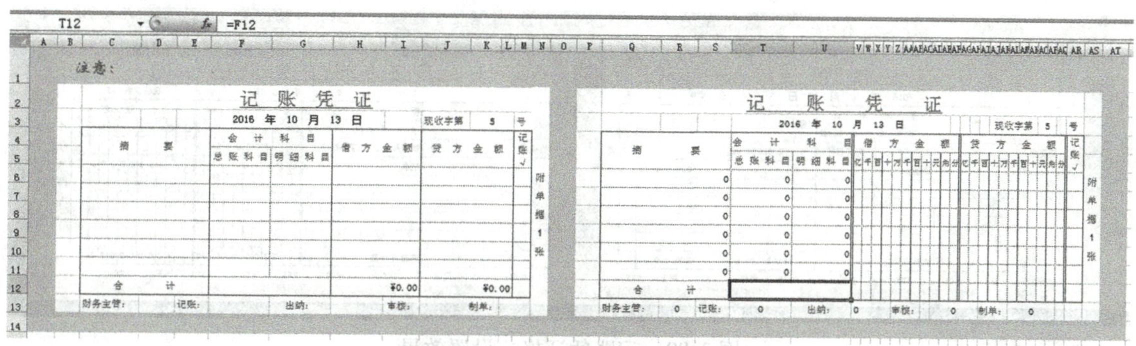

图 3-87　设置记账凭证格式

11. 完成公式设置：

(1)在 V6 单元格输入以下公式："=IF($H6=0,"",MID(REPT("",11-LEN(FIXED($H6*100,0,TRUE)))&FIXED($H6*100,0,TRUE),COLUMN(A1),1))"，并填充至 AF11。

(2)在 AG6 单元格输入以下公式："=IF($J6=0,"",MID(REPT("",11-LEN(FIXED($J6*100,0,TRUE)))&FIXED($J6*100,0,TRUE),COLUMN(A1),1))"，并填充至 AQ11。

(3)在 V12 单元格输入以下公式："=IF($H12=0,"",MID(REPT("",11-LEN("¥"&FIXED($H12*100,0,TRUE)))&"¥"&FIXED($H12*100,0,TRUE),COLUMN(A1),1))"，并填充至 AF12。

(4)在 AG12 单元格输入以下公式："=IF($J12=0,"",MID(REPT("",11-LEN("¥"&FIXED($J12*100,0,TRUE)))&"¥"&FIXED($J12*100,0,TRUE),COLUMN(A1),1))"，并填充至 AQ12。

12. 分别选择 Q6:AQ11、T12:AQ12、R13、T13、V13、AD13 和 AL13，设置条件格式(即单元格值为 0 时，背景填充为白色)，如图 3-88 所示。

13. 将多余的行和列隐藏，并取消网格线，并录入相关的数据，查看效果，如图 3-89 所示。

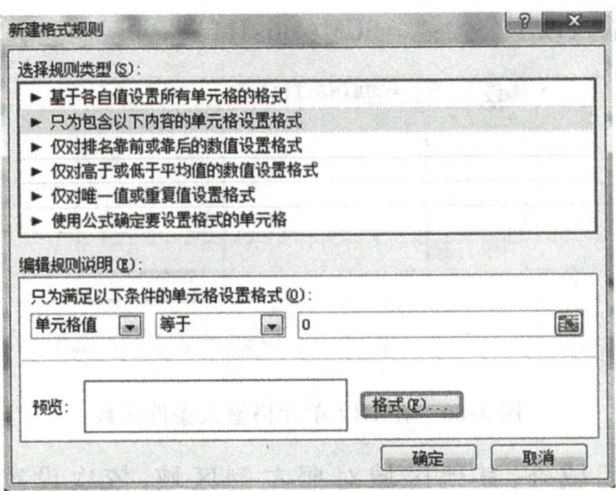

图 3-88　设置单元格格式

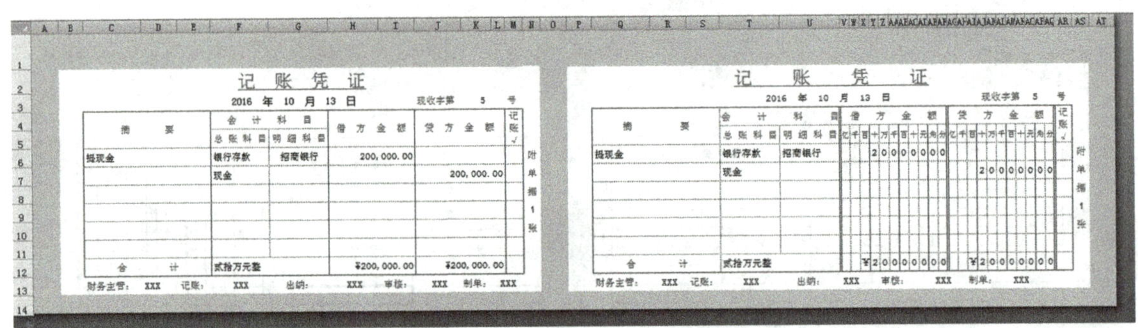

图 3-89　记账凭证格式设置效果

任务拓展

打开 EXCEL 工作簿文件,制作“总决算表”并设置相应的公式或函数,如图 3-90 所示。

总决算表

编报单位:				年	月	日		单位:元
项目名称		项目编号		项目类型		起止年限		承担单位(主持部门)

资金来源及到位情况	市级财政拨款		县级财政拨款		部门匹配		银行贷款		单位自筹		其他		资金来源合计	
	计划	到位	计划	到位	计划	到位	计划	到位	计划	到位	计划	到位	计划	到位

财政拨款支出明细	拨款级次	项目直接经费								项目间接经费				协作研究支出	支出合计	结余
		人员费	设备费	修缮费	能源材料费	试验外协费	会议差旅费	出版文献信息	国际合作交流	其他直接费	人员费	行政管理支出	仪器设备和房	仪器设备和房		
	市级															
	县(市、区)级															

购置设备财产表					主要社会、经济效益:	科技管理部门审核意见:
名称	单位	数量	单价	金额		
主管:					会计:	制表:

图 3-90　制作“总决算表”格式效果

任务9 制作工资表

实训目标

1. 复习 EXCEL 表格的基本操作。
2. 复习数据有效性的用法。
3. 了解 SUM、TODAY 等函数的用法。

实训任务

工资表是财会部门常用的一种表格模板，每个月都会在发放工资之前用到。作为一名办公人员来说，我们应该如何快速地在 EXCEL 表格中制作出既美观又准确的工资表呢？

1. 工资表版式要求：

(1)工资表头可能为一行，也可能为两行，根据企业工资栏目不同需求而定。但相同处是每一项条目(或者一个员工的工资信息)具有一个条头。条头具有指定数目的重复性。

(2)每一项条目中间有一个空行，方便裁剪。

2. 分别建立“工资表”及“工资明细表”，其中“工资明细表”用于记载员工工资表信息，也用于平时编辑和汇总，如图 3-91 所示。

工资表.xls [兼容模式]

职工工资表

编制单位：XXXXXXXXX有限公司　　2013年5月30日　　单位：　元

序号	姓 名	月基本工资	出勤天数	日工资额	出勤工资	加班工资	夜班补贴	全勤奖	扣 款	实发工资	领款人	备 注
1	胡志敏	3600.00	28	120.00	3360.00			0.00		3360.00		
2	李凤林	3600.00	29	120.00	3480.00			200.00		3680.00		
3	高佳佳	3000.00	28	100.00	2800.00			0.00		2800.00		
4	周金之	3000.00	29	100.00	2600.00			200.00		2800.00		
5	胡榆彬	3000.00	29	100.00	2900.00			200.00		3100.00		
6	邓镝	4500.00	29	150.00	4350.00			200.00		4550.00		
7	刘习中	4500.00	29	150.00	4350.00			200.00		4550.00		
8	黄欧	4500.00	28	150.00	4200.00			0.00		4200.00		
9	罗鹏	3300.00	28	110.00	3080.00			0.00		3080.00		

工资表　工资明细表　Sheet3

图 3-91 职工工资表

3. 在“职工工资表”A1 单元格输入如下语句：“ =CHOOSE(MOD(ROW(),3)+1,"",工资明细表！A$4,OFFSET(工资明细表！A$4,ROW()/3+1,))”，如图 3-92 所示。

4. 选中单元格 A1，光标置于单元格右下角，当箭头变成十字形时，则向右拉至 K1 单元格。然后再选中 A1:K1 向下拉，直至出现最后一名职工的数据，如图 3-93 所示。

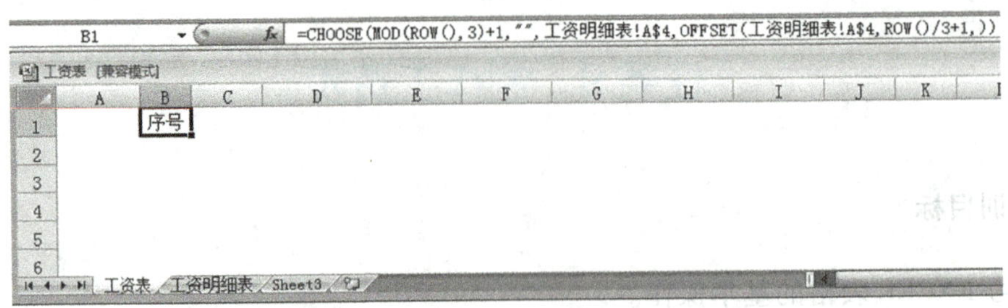

图 3-92　选择单元格输入条件语句

B1　=CHOOSE(MOD(ROW(),3)+1,"",工资明细表!A$4,OFFSET(工资明细表!A$4,ROW()/3+1,))

	A	B	C	D	E	F	G	H	I	J	K	L
1		序号	姓 名	月基本工资	出勤天数	日工资额	出勤工资	加班工资	夜班补贴	全勤奖	扣 款	实发工资
2		1	胡志敏	3600	28	120	3360	0	0	0	0	3360
3												
4		序号	姓 名	月基本工资	出勤天数	日工资额	出勤工资	加班工资	夜班补贴	全勤奖	扣 款	实发工资
5		2	李凤林	3600	29	120	3480	0	0	200	0	3680
6												
7		序号	姓 名	月基本工资	出勤天数	日工资额	出勤工资	加班工资	夜班补贴	全勤奖	扣 款	实发工资
8		3	高佳佳	3000	28	100	2800	0	0	0	0	2800
9												
10		序号	姓 名	月基本工资	出勤天数	日工资额	出勤工资	加班工资	夜班补贴	全勤奖	扣 款	实发工资
11		4	周金之	3000	29	100	2600	0	0	200	0	2800
12												
13		序号	姓 名	月基本工资	出勤天数	日工资额	出勤工资	加班工资	夜班补贴	全勤奖	扣 款	实发工资
14		5	胡榆彬	3000	29	100	2900	0	0	200	0	3100
15												
16		序号	姓 名	月基本工资	出勤天数	日工资额	出勤工资	加班工资	夜班补贴	全勤奖	扣 款	实发工资
17		6	邓镝	4500	29	150	4350	0	0	200	0	4550
18												
19		序号	姓 名	月基本工资	出勤天数	日工资额	出勤工资	加班工资	夜班补贴	全勤奖	扣 款	实发工资

图 3-93　快速复制条件格式

5. 调整表格，最终效果如图 3-94 所示。

	A	B	C	D	E	F	G	H	I	J	K	L
1		序号	姓 名	月基本工资	出勤天数	日工资额	出勤工资	加班工资	夜班补贴	全勤奖	扣 款	实发工资
2		1	胡志敏	3600	28	120	3360	0	0	0	0	3360
3												
4		序号	姓 名	月基本工资	出勤天数	日工资额	出勤工资	加班工资	夜班补贴	全勤奖	扣 款	实发工资
5		2	李凤林	3600	29	120	3480	0	0	200	0	3680
6												
7		序号	姓 名	月基本工资	出勤天数	日工资额	出勤工资	加班工资	夜班补贴	全勤奖	扣 款	实发工资
8		3	高佳佳	3000	28	100	2800	0	0	0	0	2800
9												
10		序号	姓 名	月基本工资	出勤天数	日工资额	出勤工资	加班工资	夜班补贴	全勤奖	扣 款	实发工资
11		4	周金之	3000	29	100	2600	0	0	200	0	2800
12												
13		序号	姓 名	月基本工资	出勤天数	日工资额	出勤工资	加班工资	夜班补贴	全勤奖	扣 款	实发工资
14		5	胡榆彬	3000	29	100	2900	0	0	200	0	3100
15												
16		序号	姓 名	月基本工资	出勤天数	日工资额	出勤工资	加班工资	夜班补贴	全勤奖	扣 款	实发工资
17		6	邓镝	4500	29	150	4350	0	0	200	0	4550
18												
19		序号	姓 名	月基本工资	出勤天数	日工资额	出勤工资	加班工资	夜班补贴	全勤奖	扣 款	实发工资
20		7	刘习中	4500	29	150	4350	0	0	200	0	4550

图 3-94　工资表最终效果

任务拓展

制作一张完整的汽车销售统计表,并利用“合并计算”功能计算“销售量”,利用函数公式计算“排名”和“销量等级”,如图 3-95 所示。等级评定情况如下:

销售额	等级	销售额	等级
150 万以上	优秀	100 万 ~124 万	尚可
125 万 ~149 万	良好	100 万以下	尚需努力

N4 =IF(L4>=150,"优秀",IF(L4>=125,"良好",IF(L4>=100,"尚可","尚需努力")))

	A	B	C	D	E	F	G	H	I	J	K	L	M	N
1	新华公司2006年10月汽车销售统计表													
2	工号	姓名	新赛欧6.88万		乐骋7.19万		乐风7.8万		新景程13.78万		10月	10月	名次	等级
3			销量	销售额	销量	销售额	销量	销售额	销量	销售额	销量	销售额		
4	1	王华东	2	13.76	4	28.76	6	46.8	0	0	12	89.32	9	尚需努力
5	2	吴江伦	4	27.52	4	28.76	7	54.6	2	27.56	17	138.44	4	良好
6	3	李凡	1	6.88	4	28.76	6	46.8	4	55.12	15	137.56	5	良好
7	4	朱小涛	1	6.88	5	35.95	5	39	0	0	11	81.83	10	尚需努力
8	5	阿昌	4	27.52	4	28.76	5	39	2	27.56	15	122.84	7	尚可
9	6	陈婷婷	5	34.4	3	21.57	4	31.2	6	82.68	18	169.85	1	优秀
10	7	向阳	3	20.64	2	14.38	6	46.8	4	55.12	15	136.94	6	良好
11	8	宋目斌	1	6.88	5	35.95	6	46.8	4	55.12	16	144.75	2	良好
12	9	张家辉	2	13.76	4	28.76	3	23.4	3	41.34	12	107.26	8	尚可
13	10	李唯一	7	48.16	3	21.57	6	46.8	2	27.56	18	144.09	3	良好
14		合计	30	206.4	38	273.22	54	421.2	27	372.06	149	1272.88		
15														

图 3-95 汽车销售统计表效果

任务 10 制作资产负债表

实训目标

1. 复习 EXCEL 表格的基本操作。
2. 运用 EXCEL 编制资产负债表。
3. 复习 SUM 等函数的用法。

实训任务

1. 打开教学资源包“资产负债表 . xlsx”文件,对照图 3-96 设置格式。
2. 在以下各单元格填入公式或函数,最后效果如图 3-97 所示。

(1)C20:“ = SUM(C6:C19)”,并复制到 D20、G20、H20。

(2)C24:“ = SUM(C22:C23)”,并填充至 D24。

(3)C28:“ = C26 - C27”,并填充至 D28。

(4)C30:“ = C28 - C29”,并填充至 D30。

(5)C34:“ = C30 + C31 + C32 + C33”,并填充至 D34。

(6)C39:“ = SUM(C36:C38)”,并填充至 D39。

(7)C42:“ = C20 + C24 + C34 + C39 + C41”,并填充至 D42。

(8) G27:“=SUM(G22:G26)”,并填充至 H27。

(9) G30:“=G20+G27+G29”,并填充至 H30。

(10) G36:“=G34−G35”,并填充至 H36。

(11) G41:“=G36+G37+G38+G40”,并填充至 H41。

(12) G42:“=G30+G41”,并填充至 H42。

	A	B	C	D	E	F	G	H
1				资 产 负 债 表				
2								会企01表
3	编制单位：XXXXXXXXX有限公司			2012-12-31				单位：元
4	资 产	行次	年初数	期末数	负债及所有者权益	行次	年初数	期末数
5	流动资产：				流动负债：			
6	货币资金	1	549,324.10	685518.29	短期借款	68		
7	短期投资	2			应付票据	69		
8	应收票据	3		50,000.00	应付账款	70	6,237,559.19	7,925,465.71
9	应收股利	4		451,690.18	预收账款	71		
10	应收利息	5			应付工资	72		27,642.00
11	应收账款	6	3,982,603.13	4,092,246.46	应付福利费	73		
12	其他应收款	7	494,000.00	1,627,000.00	应付股利	74		
13	预付账款	8			应交税金	75	26,304.71	23,717.49
14	应收补贴款	9			其他应交款	80		
15	存货	10	2,003,868.04	2,118,421.54	其他应付款	81		
16	待摊费用	11			预提费用	82		
17	一年内到期的长期债权投资	21			预计负债	83		
18	其他流动资产	24			一年内到期的长期负债	86		
19					其他流动负债	90		
20	流动资产合计	31			流动负债合计	100		
21	长期投资：				长期负债：			
22	长期股权投资	32			长期借款	101		
23	长期债权投资	34			应付债券	102		
24	长期投资合计	38	-	-	长期应付款	103		
25	固定资产：				专项应付款	106		
26	固定资产原价	39	4,382,374.80	4,574,968.81	其他长期负债	108		
27	减：累计折旧	40	116829.06	314,933.74	长期负债合计	110	-	-
28	固定资产净值	41			递延税项：			
29	减：固定资产减值准备	42			递延税款贷项	111		
30	固定资产净额	43	-	-	负债合计	114	-	-
31	工程物资	44			少数股东权益			
32	在建工程	45						
33	固定资产清理	46			所有者权益（或股东权益）：			
34	固定资产合计	50	-	-	实收资本（或股本）	115	5,000,000.00	5,000,000.00
35	无形资产及其他资产：				减：已归还投资	116		
36	无形资产	51			实收资本（或股本）净额	117		
37	长期待摊费用	52			资本公积	118	2,416.59	271,042.25
38	其他长期资产	53			盈余公积	119		5,191.02
39	无形资产及其他资产合计	60	-	-	其中：法定公益金	120		
40	递延税项：				未分配利润	121	29,060.52	31,853.07
41	递延税款借项	61			所有者权益（或股东权益）合计	122		
42	资产总计	67	-	-	负债和所有者权益（或股东权益）总计	135		

图 3-96 资产负债表样表一

C20 f_x =SUM(C6:C19)

	A	B	C	D	E	F	G	H
1				资 产 负 债 表				
2								会企01表
3	编制单位：XXXXXXXXX有限公司			2012-12-31				单位：元
4	资 产	行次	年初数	期末数	负债及所有者权益	行次	年初数	期末数
5	流动资产：				流动负债：			
6	货币资金	1	549,324.10	685518.29	短期借款	68		
7	短期投资	2			应付票据	69		
8	应收票据	3		50,000.00	应付账款	70	6,237,559.19	7,925,465.71
9	应收股利	4		451,690.18	预收账款	71		
10	应收利息	5			应付工资	72		27,642.00
11	应收账款	6	3,982,603.13	4,092,246.46	应付福利费	73		
12	其他应收款	7	494,000.00	1,627,000.00	应付股利	74		
13	预付账款	8			应交税金	75	26,304.71	23,717.49
14	应收补贴款	9			其他应交款	80		
15	存货	10	2,003,868.04	2,118,421.54	其他应付款	81		
16	待摊费用	11			预提费用	82		
17	一年内到期的长期债权投资	21			预计负债	83		
18	其他流动资产	24			一年内到期的长期负债	86		
19					其他流动负债	90		
20	流动资产合计	31	7,029,795.27	9,024,876.47	流动负债合计	100	6,263,863.90	7,976,825.20
21	长期投资：				长期负债：			
22	长期股权投资	32			长期借款	101		
23	长期债权投资	34			应付债券	102		
24	长期投资合计	38	-	-	长期应付款	103		
25	固定资产：				专项应付款	106		
26	固定资产原价	39	4,382,374.80	4,574,968.81	其他长期负债	108		
27	减：累计折旧	40	116829.06	314,933.74	长期负债合计	110	-	-
28	固定资产净值	41	4,265,545.74	4,260,035.07	递延税项：			
29	减：固定资产减值准备	42			递延税款贷项	111		
30	固定资产净额	43	4,265,545.74	4,260,035.07	负债合计	114	6,263,863.90	7,976,825.20
31	工程物资	44			少数股东权益			
32	在建工程	45						
33	固定资产清理	46			所有者权益（或股东权益）：			
34	固定资产合计	50	4,265,545.74	4,260,035.07	实收资本（或股本）	115	5,000,000.00	5,000,000.00
35	无形资产及其他资产：				减：已归还投资	116		
36	无形资产	51			实收资本（或股本）净额	117	5,000,000.00	5,000,000.00
37	长期待摊费用	52			资本公积	118	2,416.59	271,042.25
38	其他长期资产	53			盈余公积	119		5,191.02
39	无形资产及其他资产合计	60	-	-	其中：法定公益金	120		
40	递延税项：				未分配利润	121	29,060.52	31,853.07
41	递延税款借项	61			所有者权益（或股东权益）合计	122	5,031,477.11	5,308,086.34
42	资产总计	67	11,295,341.01	13,284,911.54	负债和所有者权益（或股东权益）总计	135	11,295,341.01	13,284,911.54
43								

图 3-97 资产负债表样表二

任务拓展

打开 EXCEL 工作簿文件，制作“神奇万年历”并设置相应的公式或函数，如图 3-98 所示。

图 3-98 神奇万年历

模块4 PowerPoint办公应用实例

实训简介

PowerPoint 是微软 Office 办公软件的一个组成部分，集设计、制作和演示电子幻灯片的功能于一身，可方便地制作出图、文、声、画并茂的演示文稿，展示起来也十分方便，配合投影仪播放效果更好，目前广泛地应用于广告、教育、商业等多个领域。

学习目标

1. 熟练制作 PowerPoint 演示文稿。
2. 熟练掌握演示文稿中图、文、表混排的制作方法。
3. 熟练掌握演示文稿中幻灯片的动态演示效果的设置方法。
4. 具有一定的专业知识和拓展思维。

任务导入

小张是某中职学校的一名毕业生，经学校推荐到某公司应聘。经过自己努力，成功应聘到该公司销售部从事产品销售工作。因在公司一年来表现优异，公司领导特地安排小张在年终总结会上作总结报告。要求根据案例内容，制作相关演示文稿供不同阶段使用。

任务1　制作“自我展示”演示文稿

实训目标

1. 理解演示文稿的基本概念。
2. 掌握演示文稿的创建、打开、保存和关闭等方法。
3. 使用不同方式的视图方式浏览演示文稿。
4. 熟练编辑演示文稿和更换幻灯片的版式，提高幻灯片的美感。
5. 能设置幻灯片的放映方式。
6. 在文稿中插入图片，并能对图片的格式、属性进行设置。

实训任务

1. 根据个人的信息和模板设计“自我展示”演示文稿，展示自己的作品向大家介绍自己。
2. 内容包括封面、个人基本信息、学习与工作经历、自我评价、结束语共五个部分。

3. 使用设计模板修饰文稿；设置切换效果；设置幻灯片版式和动画效果。

效果如图 4-1 ~ 图 4-5 所示。

图 4-1　封面

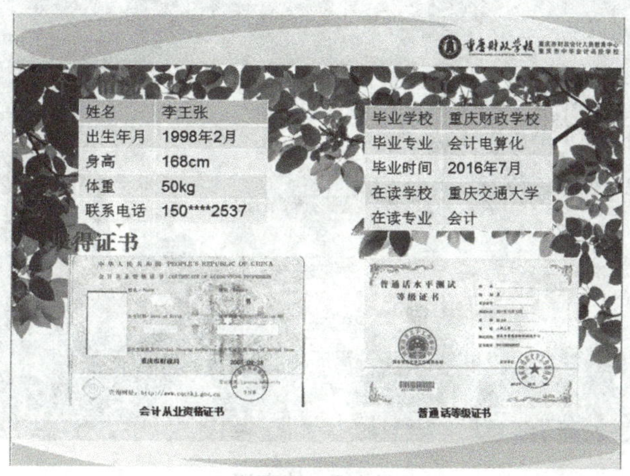

图 4-2　个人基本信息

图 4-3　学习与工作经历

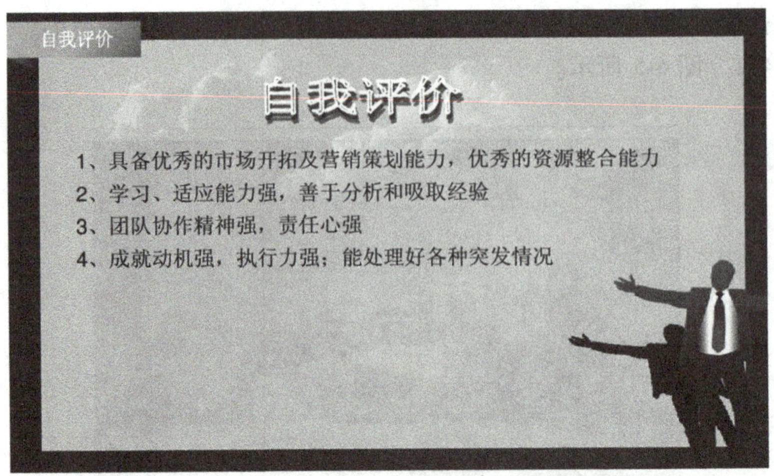

图 4-4　自我评价

图 4-5　结束语

任务 2　设计与制作"岗前培训"演示文稿

实训目标

1. 了解幻灯片的配色方案。
2. 能对文稿页面进行设置并打印文稿。
3. 掌握插入并编辑表格和组织结构图、艺术字和文本框、图表等。
4. 掌握幻灯片的切换方式。

实训任务

1. 为了帮助新员工尽快熟悉公司，人力资源部制作"岗前培训"演示文稿，用于新员

工培训。

2. 内容包括封面、目录、公司概况、公司架构、公司制度、结束语共六个部分。

3. 插入并编辑表格和组织结构图、插入并编辑艺术字和文本框、插入并编辑图表、设置幻灯片的切换方式。

4. 对文稿页面进行设置并打印。

效果如图 4-6 ~ 图 4-11 所示。

图 4-6　封面页

图 4-7　目录页

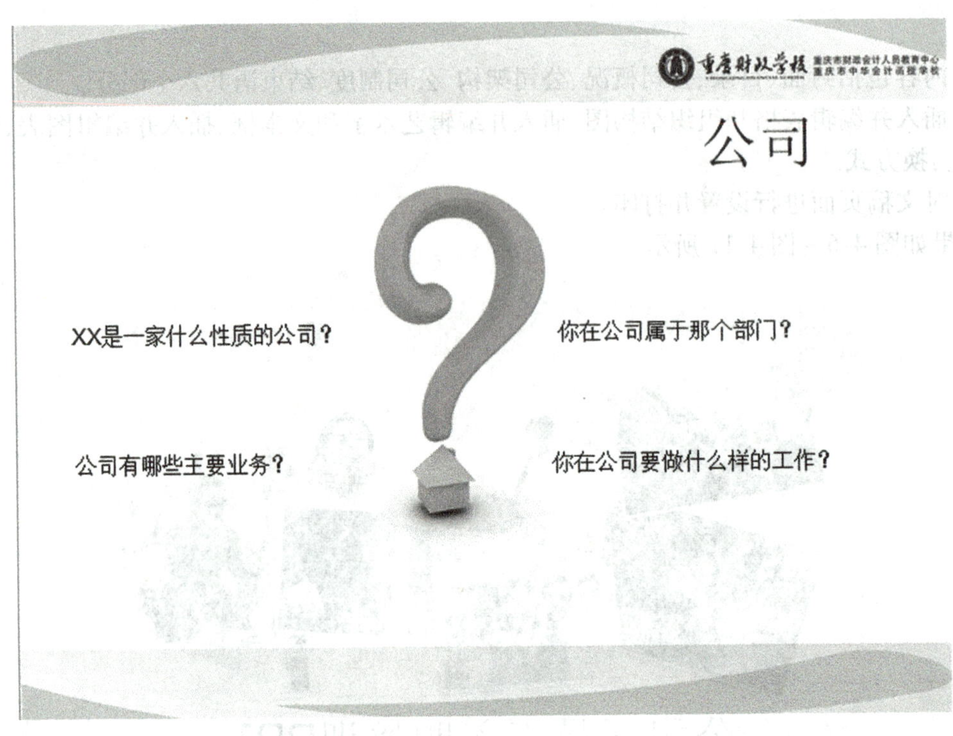

图 4-8　公司概况

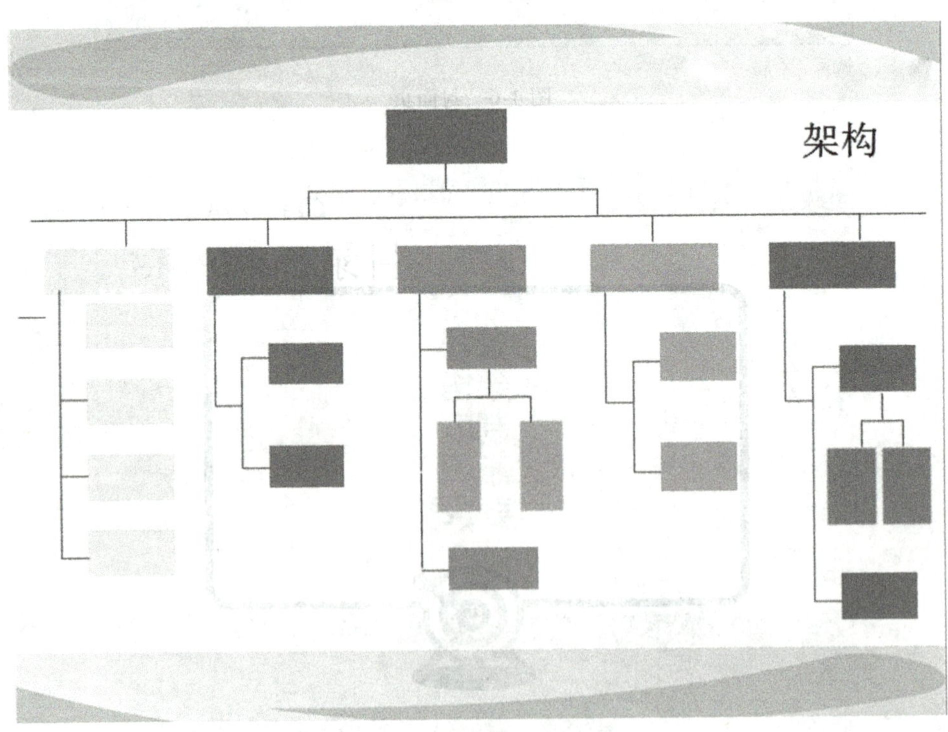

图 4-9　公司架构

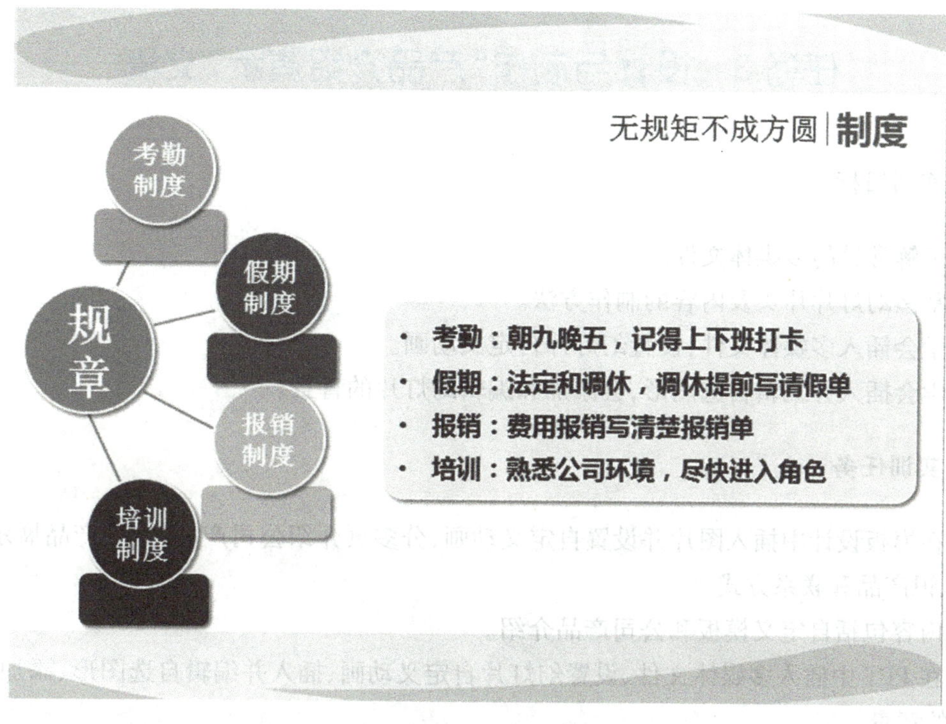

图 4-10　公司制度

图 4-11　结束语

任务3 设计与制作“产品介绍演示”文稿

实训目标

1. 了解常见的多媒体文件。
2. 掌握幻灯片片头及内容的制作方法。
3. 学会插入多媒体文件,设置幻灯片自定义动画。
4. 学会插入并编辑自选图形,会添加和编辑幻灯片的背景。

实训任务

1. 在模板设计中插入图片并设置自定义动画,分多页介绍公司产品特色、产品展示、产品功能、认识产品和联系方式。

2. 内容包括自定义模板和公司产品介绍。

3. 在PPT中插入多媒体文件、设置幻灯片自定义动画、插入并编辑自选图形、添加和编辑幻灯片的背景。

效果如图4-12~图4-15所示。

图4-12 目录页

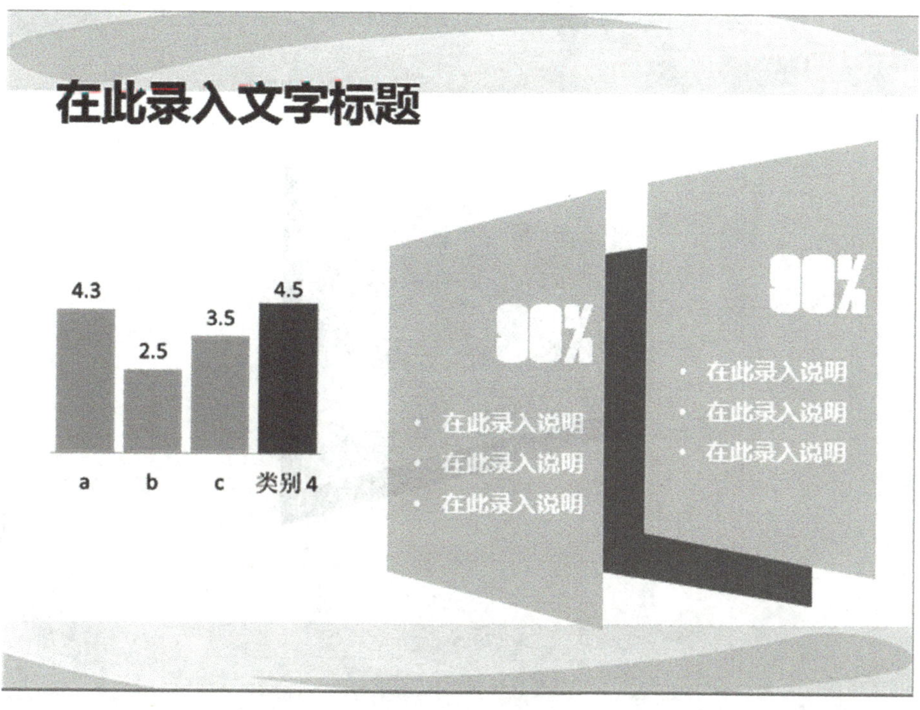

图4-13 正文页一

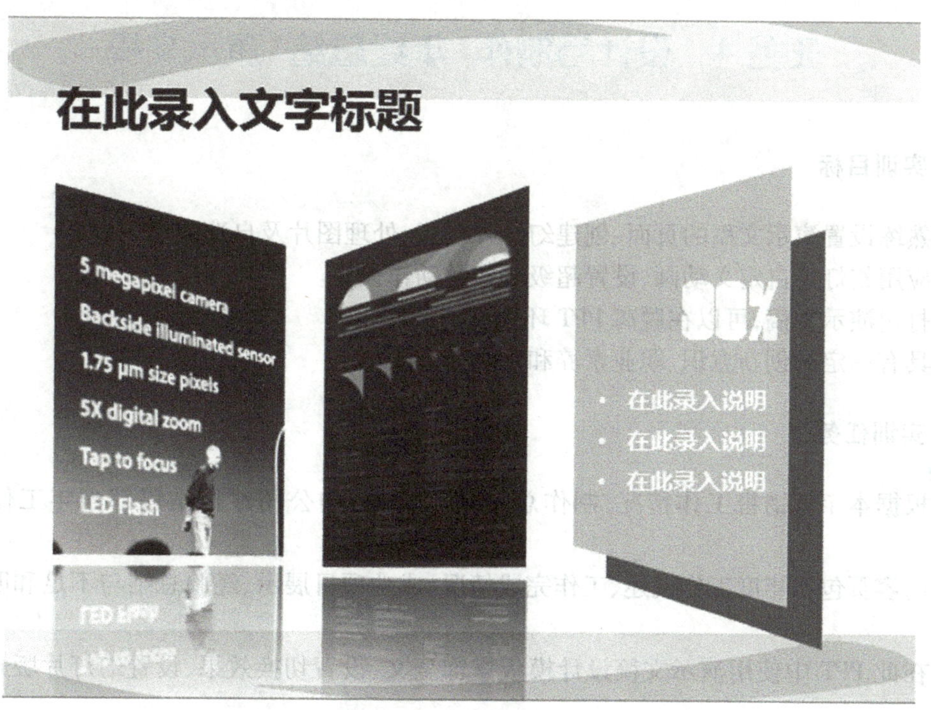

图4-14 正文页二

图 4-15　正文页三

任务 4　设计与制作“年终总结”演示文稿

实训目标

1. 熟练设置演示文稿的页面、创建幻灯片母版、处理图片及自选图形。
2. 应用幻灯片自定义动画、设置超级链接及动作设置。
3. 打包演示文稿，可以在脱离 PPT 环境下播放。
4. 具有一定的创新意识、职业素养和审美能力。

实训任务

1. 根据本年度销售工作情况，制作总结演示文稿，向公司汇报销售部当年工作成果与不足。

2. 内容页包括年度工作概述、工作完成情况、成功项目展示、经验总结与不足和明年工作计划。

3. 在此 PPT 中使用演示文稿设计模板修饰全文、设置切换效果、设置幻灯片版式和动画效果。

效果如图 4-16 ~ 图 4-21 所示。

图 4-16 封面页

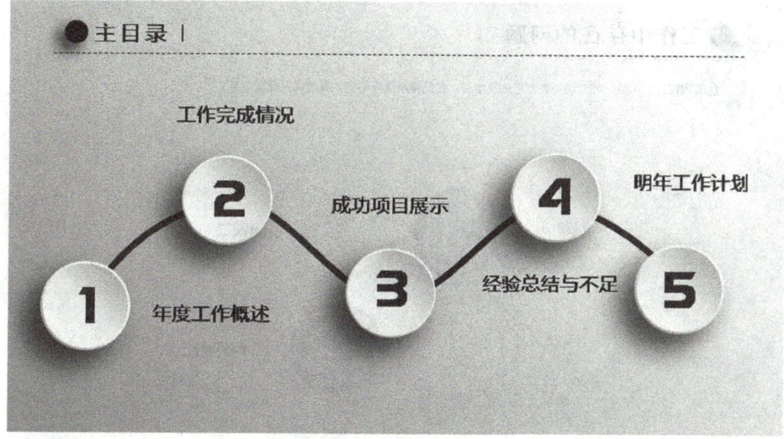

图 4-17 目录页

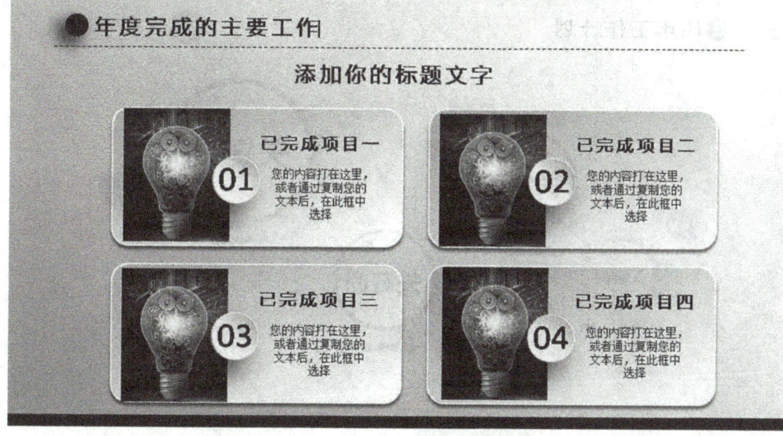

图 4-18 正文页一

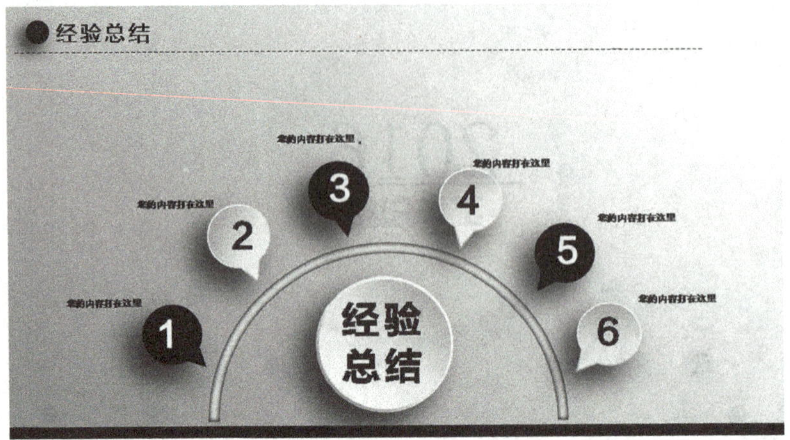

图 4-19　正文页二

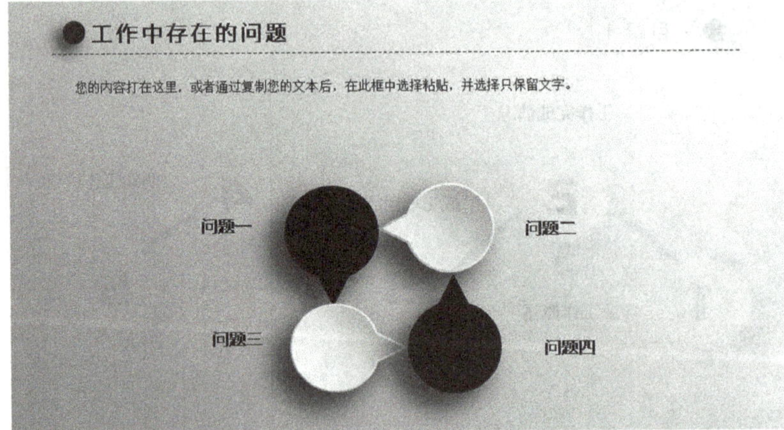

图 4-20　正文页三

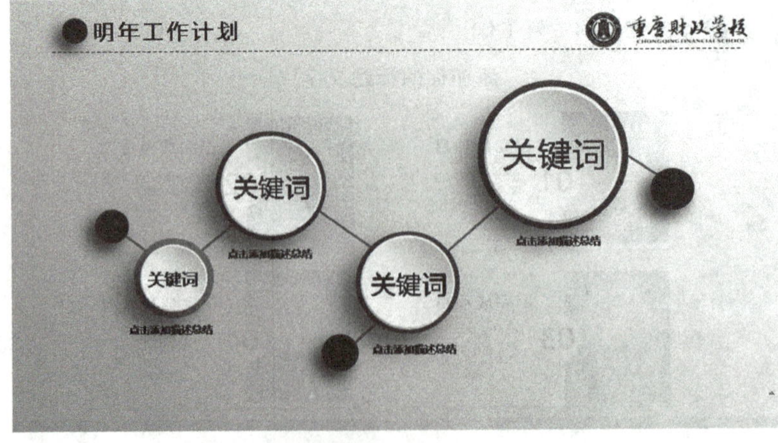

图 4-21　正文页四

任务5 设计与制作“重庆非去不可”演示文稿

实训目标

综合应用 PPT 中如何插入音频、视频文件和母版、文本框等各种功能来完成演示文稿的制作。

实训任务

1. 综合应用 PPT 中所学知识，完成“重庆非去不可”旅游宣传 PPT 的制作。

2. 内容包括重庆简介、重庆景点、重庆交通和重庆美食几个部分。

3. 在此 PPT 中综合应用 PPT 中如何插入音频、视频文件和母版、文本框等各种功能来实现相应的设计。

效果如图 4-22 ~ 图 4-28 所示。

图 4-22 封面页

图 4-23　正文页一

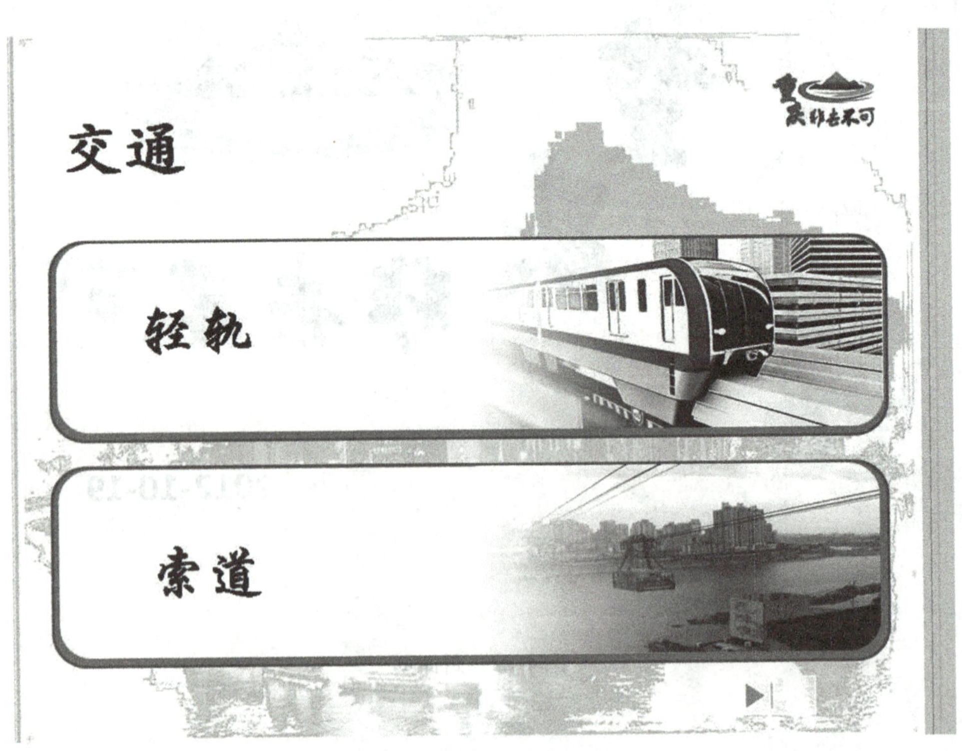

图 4-24　正文页二

图 4-25 正文页三

图 4-26 正文页四

图 4-27　正文页五

图 4-28　封底页

模块5 常见应用文写作

在实际工作中，各个单位都经常需要拟写一些通知。作为办公室文员，应该掌握通知的基本格式，学会拟写各类通知。

任务1 书写通知

知识链接

通知的概念

一般性通知是向特定受文对象告知或转达有关事项或文件，让对象知道或执行的公文。通俗地讲，就是把需要告诉有关人员的事项，用文字形式表现出来的一种应用文书。

实训操作

一、通知的写法

通知的格式，包括标题、称呼、正文和落款。

1. 标题

写在第一行正中。可只写“通知”二字，如果事情重要或紧急，也可写上“重要通知”或“紧急通知”，以引起注意。有的在“通知”前面写上发通知的单位名称，还有的写上通知的主要内容。

2. 称呼

写被通知者的姓名或职称或单位名称，在第二行顶格写。

3. 正文

另起一行，空两格开始写正文。正文因内容而异。开会的通知要写清楚开会的时间、地点、参加会议的对象以及开什么会，以及会议要求。布置工作的通知，要写清所通知事件的目的、意义以及具体要求和做法。

4. 落款

分两行写在正文右下方，一行写署名，一行写日期。

二、通知的特点

(1)使用范围广。在各种公文中，通知的使用范围最广。

(2)使用频率高。

(3)时效性强。通知对时效性具有严格要求，它所传达的事项，往往要求受文者及时知晓或迅速办理。

三、示例

通　　知

各部门：

寒假在即，为落实各项安全工作，确保节假日期间的校园安全，请各科室负责人组织科室成员做好科室的自查、整改，并请办公室、学生科、督查科、总务科安排人员于1月4日13:00在办公楼大厅集合进行校园安全大检查。

特此通知。

××校保卫科

2017年1月3日

学习思考

1. 写通知一般采用条款式行文，应简明扼要，使被通知者能一目了然，清楚无误，便于遵照执行。

2. 会议通知要写清楚时间、地点、内容、出席对象及注意事项等内容。

写作实训

1. ××市技师学院137文秘301班定于2018年7月30日参观孙中山纪念馆。请你代班委拟写一份通知，提前一周让在外实习的同学知晓，确保按时到馆参观。

2. 下面一则通知在格式和内容上都存在问题,请你来纠错。

紧急通知

由于××段自来水管被汽车压坏导致严重漏水,我公司决定从今晚9时起,××地区停水四天,进行管道更换检修。望广大居民储足三天的用水量。

此致

××县自来水公司

任务2 书写会议记录

马上就要召开常青藤文学社成立大会了,吴健萍开始准备会议标语、会场布置。学生会主席特别嘱咐她,别忘了要做好会议记录。

知识链接

一、会议记录的概念

会议记录是在召开会议的过程中,安排记录人员把会议基本情况和会议内容如实记录下来,以留存备查的一种常用应用文体。

二、会议记录的特点

1. 真实性

会议记录的执笔者只有记录权而没有改编权。

2. 原始形态性

会议记录是会议情况和内容的原始化的记录。所谓原始,就是未经整理、未经综合。在这一点上,它跟会议简报、会议纪要有着很大的不同。会议简报和会议纪要也是真实的,但不是原始的。

3. 完整性

会议记录对会议的名称、时间、地点、出席人员、主持人、议程等基本情况,对领导讲话、与会者的发言、讨论和争议、形成的决议和决定等内容,都要完整地记录下来。

实训操作

吴健萍了解写作会议记录的要求后,就找来信笺纸,先将标题和会议组织情况写好,等会议一开始,就详细地记录好会议内容。

一、会议记录的写法

会议记录一般包括三部分:标题、正文、具名。

1. 标题

写法一:会议名称+会议记录,会议名称要写全称,如"××学校第一届教职工代表大会会议记录”。

写法二:会议内容+会议记录,如:“4月份销售总结会会议记录”。

写法三:与会人员+会议记录,如:“部门经理会议记录”。

2. 正文

(1) 会议的组织情况。正文中应当包括会议名称、时间、地点、出席人(有列席、缺席人也应写明)、主持人、记录人、中心议题等。

(2) 会议内容,按发言人顺序排列,包括会议主持人的讲话、与会人的发言和会议决议等。

(3) 结尾。会议结束时,另起一行写“散会”二字。

3. 具名

会议结束后,记录人员把写好的会议记录送主持人审核、签字,然后记录人签名。

二、实例

常青藤文学社成立大会会议记录

时间:2014年5月4日

地点:一楼大会议室

出席人:谭院长、温主任、郭老师、文学社成员

主持人:黎倩霞(学生会主席)

人数:35人

记录人:吴健萍

议题:常青藤文学社成立章程宣读及文学社职能分工安排

大会议程:

一、学生会主席作前期工作总结报告

二、温主任宣读常青藤文学社章程

三、学生会主席宣布组织机构及职能分工

四、指导教师郭老师讲话

会议记录

一、黎倩霞(学生会主席):陈述常青藤文学社成立前期筹备工作、目的及意义。

二、筹备小组各部门负责人发言。

李响:讲述常青藤文学社成立的坎坷历程,期望大家继续支持。

吴俊:(版面设计)排版工作存在一定问题,没有先考虑排版,结果文章一般都太长,临时删减,难度很大。今后将吸取教训。

朱舒:(整理材料)无整体规划,速度慢,条理性不强,今后注意。

朱翔:(美工)(激动得说不出话来,笑……常青藤其他成员及时解围,代他表达。)

孙振华:(誊写)感谢陈政浩、王婷、王玲华等人的工作,提出应让陈政浩上台发言。

陈政浩:(誊写)任务艰巨,迫切需要帮手。

三、德育处温主任宣读常青藤文学社章程(第一章 总则;第二章 活动总则;第三章 组织管理)

四、黎倩霞宣读组织机构及职能分工(章程第四章 附则),强调各部门要做好分工合作工

作。征文要短小精悍，一般在200~500字，不要太长。希望大家积极撰稿，人人参与。

五、郭老师讲话：感谢，祝贺，希望，要求（另附）。

六、全体与会人员合唱《明天会更好》。

散会。

主持人：（签名）黎倩霞　记录人：（签名）吴健萍

学习思考

一、会议记录写作技巧

1. 一快：记得快。字要写得小一些、轻一点，多写连笔字。
2. 二要：记要点。

（1）会议中心议题以及围绕中心议题展开的有关活动。

（2）会议讨论、争论的焦点及其各方的主要见解。

（3）权威人士或代表人物的言论。

（4）会议开始时的定调性言论和结束前的总结性言论。

（5）会议已议决的或议而未决的事项。

（6）对会议产生较大影响的其他言论或活动。

3. 三省：在记录中正确使用省略法，会后查补。
4. 四代：用较为简便的写法代替复杂的写法。

二、如何求速度

1. 剔除无关紧要的讲话内容。
2. 剔除无关紧要的句子成分（延缓性、修饰性）。
3. 搁置自己可以回忆的内容（理论、故事）。
4. 搁置自己可以查询的内容（政策、数据）。
5. 搁置自己可以推测的内容。

写作实训

1. 设计一份会议记录格式。
2. 会议记录实训活动。

案例：当今社会竞争激烈，学生自主创业已在社会上形成一种趋势，许多中职学生也有自己的创业想法，但并不是每个想法的学生都能实施项目，而实施项目的学生也不是都能成功。因此，拟在本班召开一次中职生创业项目交流会。

首先，要求学生针对自己感兴趣的创业项目查询资料，撰写创业方案。

其次，由老师负责筛选8份优秀的创业方案进入交流会。

再次，策划交流会讨论流程如下：

（1）各自陈述阶段

1）介绍创业的项目（可准备PPT、WORD、宣传视频等文档资料，宣讲3分钟）。

2)介绍该创业项目的优点与可行性。

3)说明创业资金的来源。

(2)相互质疑与解释阶段

参会人员可以对创业项目推介者提出疑问,要求推介者解答,反之亦然。

(3)各自总结阶段

(4)除参会的8位同学外,其余同学作为会议列席者,需要做好本次讨论会的记录工作,并给每一组推介者创业项目评分,评选出最佳创业项目。

请根据本案例提供的活动模板举行一次班级的创业项目交流会,再做会议记录。

任务3 策划活动方案

张浩宇前两个任务完成得非常好,领导非常看重他的才干,打算要把他调入办公室做自己的助理,继续委以重任。在公司周年庆典的活动筹备中,领导策划一个舞蹈比赛,要求选拔出优秀的舞蹈节目,在庆典典礼上表演。领导把拟写舞蹈比赛活动方案的任务交给了浩宇。浩宇头都大了,心里在琢磨到底什么是活动方案,这个方案应当包括什么内容?

知识链接

一、基本概念

活动方案指的是为某一次活动所制定的书面计划、具体行动实施办法细则及步骤等。对具体将要举行的活动作书面计划,对每个步骤进行详细的分析和研究,以确保活动顺利、圆满进行。

二、活动方案的格式

主题:(大标题)
前言:(概述)
开展活动意义:(为什么开展活动)
活动内容:(详细讲述该项活动的步骤及活动的项目)
活动执行时间:(包括时间段)
活动范围:(活动所针对的对象、区域)
人员配置:(按职能分,所有的工作任务细分至每位工作人员身上)
前期准备:(做好对活动前期的调查、宣传推广、活动设备的安排等)
工作内容:(提出工作要求,细分工作任务以及完成要求)
活动目的:(设定预期目标)
效果评估:(预计活动反响及达到的效果)
物料清单:(对需要用到的宣传材料、物品等做好登记)

实训操作

一、活动方案名称

尽可能具体地写出方案名称，如“2014 年元旦文艺晚会活动方案”，置于页面中央，当然可以写出正标题后将此作为副标题写在下面。

二、活动背景

活动背景内容应根据策划书的特点在各项目中选取内容重点阐述。

三、活动目的、意义和目标

活动的目的与意义应用简洁明了的语言将其要点表述清楚。活动目标要具体化，并应满足重要性、可行性、时效性等要求。

四、资源需要

详细列出所需人力资源、物质资源、活动场所（如教室或多媒体活动中心）。可以列为现有资源和需要资源两部分。

五、活动开展

策划书的正文部分，表达方式要简洁明了，使人容易理解，方案细节要力求详尽，没有遗漏。在此部分中，除文字表述外，也可适当加入图表等内容。对策划的各工作项目，应按照时间先后顺序排列，绘制实施时间表有助于方案推进和流程监控。人员的组织配置、活动对象、相应权责及时间地点也应在这部分加以说明。活动的应变措施也应加以适当做好预案。

六、经费预算

活动的各项费用在根据实际情况进行具体、周密的计算后，用清晰明了的形式列出。

七、活动负责人及主要参与者

注明组织者、参与者姓名、嘉宾、单位（如果是小组策划应注明小组名称、负责人）。

八、示例

2014 年××公司舞蹈大赛方案

公司员工：

为进一步丰富员工的业余文化生活，展现员工朝气蓬勃、积极向上的精神面貌，为公司周年庆典典礼晚会选拔出优秀的舞蹈节目，公司决定开展员工舞蹈比赛活动。

一、活动主题

动感活力，舞动青春。

二、组织机构

主办单位:××公司

三、参赛对象

我公司的所有员工皆可报名参与。

四、比赛要求

1. 比赛舞种:

古典舞、民族舞、现代舞等。

2. 表演形式:

(1)小型舞:单人舞、双人舞、三人舞。

(2)群舞:4人或4人以上,不超过30人的群体舞蹈表演。

3. 节目时长:3~6分钟。

4. 报送数量:每个部门报送节目不超过两个。

5. 原创加分:鼓励创作。原创节目可酌情加分。

五、评审方式及奖项设置:

1. 初赛阶段:评委会按小型舞和群舞两种表演形式通过参赛视频选出入围参加决赛的节目。入围节目数量占两种表演形式各报送节目数量的50%。

2. 决赛阶段:进入决赛的作品须通过现场表演,角逐最终奖项。

3. 比赛设一等奖、二等奖、三等奖和优秀奖,对认真组织、积极推荐参与本次比赛活动并取得优异成绩的部门授予“优秀组织部门”。

六、报名方式及材料报送

1. 报送时间:截止至2014年10月15日。

2. 报送方式:参赛作品以部门为单位统一报送。所有参赛节目必须制作为视频,并刻录成光盘;报送两个节目的分别填写两张报名表,报名表需呈交纸质、电子版各一份。

七、其他说明

决赛时间初定11月,具体另行通知。

八、联系方式:

电子邮箱:zhanghaoyu@ vip. 163. com 或 331500519@ qq. com

联系人:张浩宇　18820090330

附件:1. 2014年××公司员工舞蹈大赛报名表

　　2. 2014年××公司员工舞蹈大赛评分表

××公司办公室

2014年10月8日

学习思考

1. 参考上述方案,小型方案可以直接填写,补充完善;大型方案可以自行设计,力求内容详尽、页面美观。

2. 可以专门给活动方案书制作封页，力求简单，郑重；活动方案也可以进行个性化设计，如用设计的徽标做页眉，图文并茂等。

3. 如有附件可以附于活动方案后面，也可单独装订。

4. 活动方案可根据纸张的尺寸大小选择恰当的装订形式。

5. 一项大型活动方案，可以有若干子方案。

写作实训

请你为本班设置一个活动方案，方案的各个环节都要慎重考虑，周密设计，然后以规范格式，将你的创意撰写成为活动方案。教师从中选拔出最佳活动方案，在班上开展，活动方案拟写者为这次班级活动的主创人员。

实训模拟——活动策划

1. 实训内容与要求

(1)在调研的基础上，运用创造性思维，策划一项活动，编写计划书。要求如下：

1)所策划的活动的内容与主题，由学生自主选择。选题尽可能是与所学专业相关。

2)应通过调研，掌握较为充分的材料。

3)要运用创造性思维，在策划的活动中展现创意。

4)要科学地规划有关要素，计划书的结构要合理、完整。

(2)在每个人进行个别策划的基础上，以模拟公司为单位，运用“头脑风暴法”等方法，组织深入研讨，形成活动的创意。

(3)进行系统的活动策划，编制活动策划书或计划书。

2. 成果与检测

(1)每个小组起草一份活动策划方案。

(2)以 PPT 的形式展示(每个小组派代言人在课堂上陈述)。

(3)由教师与学生共同对所有策划创意与计划方案进行评价，确定成绩。

3. 时间

PPT 陈述时间：10 分钟左右为宜。

任务4 拟写劳动合同

陈政浩求职成功后，用人单位通知他去签劳务合同。为了维护自己的权益，他仔细学习了劳动法及劳动合同的相关知识，特别是劳动合同的基本内容。审阅无误后，他愉快地与用人单位签订了劳动合同。你想了解什么是劳动合同吗?

知识链接

一、劳动合同的概念

劳动合同也叫用工合同，是劳动者与用人单位之间确立劳动关系，在平等自愿的基础上明确双方权利和义务的协议。劳动合同是劳动者和用人单位之间存在劳动关系的证明文件和解决劳动纠纷的重要依据。

二、劳动合同的特点

劳动合同具有合法性，签订劳动合同的双方是平等的，执行合同带有法律的强制性。

签订劳动合同时，首先要检查合同的内容及结构，看合同应该具有的要素是否齐全。一般来说，劳动合同由标题、正文、签署人和日期三部分构成。

实训操作

一、写法

1. 标题

可直接命名为“劳动合同”“劳动合同书”“聘用合同”“用工合同”等。

2. 正文

这部分是合同的主体。首先应写明签订合同双方的相关信息，用人单位要写单位全称、法定代表人、单位地址、企业类型、联系电话等，劳动者要写明自己的姓名、住址、居民身份证号码和联系电话等。合同双方以甲方和乙方的形式出现。

涉及合同双方权利义务的主要内容至少要包括以下几个方面：

(1)合同期限。这是双方履行劳动合同的有效期限，经过双方协商，可约定为固定期限或无固定期限。合同期限不明确则无法确定合同何时终止，容易引发争议，因此一定要在合同中明确双方签订的是何种期限的合同。

(2)工作任务。用人单位应该在合同中明确告知将劳动者安排在什么岗位上，承担什么工作。合同签订后，如果用人单位要变更劳动者的工作岗位与任务，则需经劳动者本人同意。

(3)工作时间。合同中必须明确该工作岗位是几小时工作制，是日班还是夜班，是正常工作还是不定时工作制，或者是综合计算工时制。总之，休息休假是每个公民都应享有的基本权利。

(4)劳动报酬。这是劳动合同中必不可少的内容。劳动合同中应该明确支付给劳动者的工资标准、工资支付办法、加班工资及津贴、奖金分配办法，还应包括试用期及病、事假等期间的工资待遇等。劳动合同中有关劳动报酬条款的约定，应符合我国有关最低工资标准的规定。

(5)劳动保护。合同中应明确规定用人单位按照有关法律、法规的规定履行对劳动者的劳动保护义务。

(6)社会保险。这是由国家强制实施的，是劳动合同不可缺少的内容。

(7)劳动纪律。合同应规定劳动者应该遵守的用人单位根据相关法规制订的工作制度。

(8)劳动合同的变更和解除。合同双方经协商可以变更和解除劳动合同，合同内应明确用人单位辞退劳动者和劳动者辞职的相关条款。

(9)违约责任。违约时应明确双方承担的相应责任。

(10)其他约定事项,可根据实际情况而定。

3. 签署人和日期

劳动者要署上自己的姓名、联系方式等,用人单位必须署上单位全称、相关人员签名并加盖单位公章,最后分别写上双方签署合同的日期。

二、示例

劳动合同

甲方:××公司　　乙方:×××

法定代表人:×××　　居民身份证号码:

注册地址:　　现居住地址:　　联系方式:

根据《中华人民共和国劳动合同法》及有关法律法规规定,甲乙双方本着平等自愿、协调一致、合法公平、诚实信用的原则,签订本劳动合同,并承诺共同遵守:

第一条　合同期限

自____年____月____日起至____年____月____日止。合同期满,本合同自行终止。如甲方需要继续留用,经乙方同意,双方可以续订合同,并办理有关手续。

第二条　工作任务

甲方根据工作需要,安排乙方在________岗位,承担________工作任务。若无特殊情形,乙方须服从甲方安排。在合同期内甲方因调整工作任务,需要变更乙方的岗位和任务,需经乙方同意。如乙方不同意,可提出辞职,双方办理解除合同手续。

第三条　劳动时间

甲方实行每周×日,每日×小时工作制。确因工作需要加班的,要提前通知乙方,由甲乙双方商定,按规定发放加班工资。

第四条　劳动报酬

按国家有关规定和单位的实际情况,根据乙方的岗位和承担任务,甲乙双方协商定为每月________元。加班工资,按不低于国家规定的标准执行。具体办法在本合同双方约定栏中约定。

第五条　劳动保护

……

第六条　社会保险和福利待遇

……

第七条　劳动法律

……

第八条　劳动合同的变更与解除

……

第九条　违约责任

……

第十条　其他需要约定的事项

……

本合同一式×份，自双方签字盖章之日起生效；甲乙双方至少各执一份。甲方应按规定建立职工名册查备，并向劳动部门办理备案手续。

甲方（盖章）：　　　　　　　　　　　　　　　乙方（盖章）：
法定代表人、负责人：　　　　　　　　　　　　联系电话：
年　　月　　日　　　　　　　　　　　　　　　年　　月　　日

学习思考

一、符合法律规定

签订劳动合同必须以《中华人民共和国劳动合同法》为法律依据，必须遵守国家的法律法规。

二、谨慎准备，逐条审查

谨慎准备是指订立合同之前要做细致入微地调查研究工作。合同的主要条款应齐备，如果缺少了某些内容，或内容不严谨，都可能会陷入合同纠纷。

三、劳动合同签约八大陷阱

1. 口头劳动合同陷阱
2. 企业不当面签字陷阱
3. 空白合同陷阱
4. 超长试用期陷阱
5. 生死劳动合同陷阱
6. 违法约定违约金/押金陷阱
7. 阴阳合同陷阱
8. 抵押合同陷阱

写作实训

1. 拟写企业劳动合同书

【背景资料】小王是北京中关村某高科技公司的劳资专员。该公司考虑到原劳动合同随着新修订的《中华人民共和国劳动合同法》的实施，其内容条款方面存在很多与新法规相抵触的地方，急需拟定一份新的企业合同文本。该公司100多人，人员组成比较复杂。从工作时间来看，既有工作不满一年的新员工，也有工作四五年甚至十几年的老员工。从用工类别来看，有全职职工、合作公司派来的技术支持人员、劳务派遣员工，还有每天从事工作时间不超过两小时的保洁员。

该公司试用期员工流动性大，一方面是新进人员不合格；另一方面是新员工工作几天后感觉不太适应自动离职。

在修改劳动合同的征求意见会上，大家的讨论如下：

营销总监：我认为对销售员的押金不能不收，不收押金，机器丢了谁负责，对押金问题应在

合同中保留。

研发总监：我建议工作地点最好不写，或写概括一些，不然员工老不愿去别处干活。

财务经理：能不能在合同中加一条，有些扣款可以在工资中直接全部扣除。

行政经理：要把损坏机器、不注意节约用纸等行为，定为严重违纪，写到合同中去。

公关经理：我认为我们以前的合同写得太冗长，这次最好简略一些。

人事总监：大家说得很好，但也存在一些问题。这样吧，今天大家的意见我们会记下来研究一下，然后由小王起草一个新的劳动合同文本，到时大家再讨论一下。

【练习要求】如果你是小王，根据上述情况拟写一份在2014年1月1号起正式启用的劳动合同。

2. 分析下面的订货合同存在什么问题？

订货合同

本合同订立于2019年6月15日，以××进出口公司为甲方，以××贸易有限公司为乙方。

本合同规定：

甲方为考虑乙方对其所作承诺，特与乙方达成协议，由甲方负责于今年6月至12月，在××市交付国产钢材4000吨，保证质量并可在工业市场行销，并按下列特定期限，分批交货：8月6日以前，交2000吨；10月20日以前，再交1000吨；至12月31日前，全数4000吨全部交清。

乙方为考虑甲方迅速履行本合同，与甲方达成协议，对上述钢材支付每吨人民币×××元价格，货到立付。

如订立合同的任何一方未履行协议，根据本合同规定并经双方同意：违约一方应向对方赔款人民币×××元，作为议定之损失补偿。

以昭信守起见，订约双方签名于下：

订约人：××进出口总公司（经理）××× ××贸易公司（经理）×××

公证人：××× ×××

任务5 拟订计划

陈政浩不希望成为时下网友们热议的“职场问题人士”。他希望能凭借自己的努力，顺利通过公司三个月的试用期。古人说“凡事预则立，不预则废”，他想为自己制订一份试用期内的工作计划，从而增强工作的主动性，减少盲目性，使自己能够顺利适应新的职场生活。

知识链接

一、计划的概念

计划是对未来一定时期内要完成的工作、学习、生产任务提出预期目标，制订相应步骤和措施而写作的一种应用文。

二、计划的特点

计划是为了顺利完成未来工作而制订的,因此具有很强的目的性与预见性。计划又是未来一定阶段的具体行动纲领,因此具有可行性。计划在执行过程中发现原计划内容和实际情况不符,应及时调整、修改和补充,进一步完善,因此具有可调整性。

实训操作

制订计划前,得先想想自己究竟想达到什么样的目标,分几步去实现这个目标,以及确保目标实现准备采用的措施和方法。这就是通常所说的计划的三要素,即目标、步骤和措施。

一、写法

计划没有统一的格式,可以写成一篇叙述的文字,也可以分条分项列出,还可以采用图表,图文并茂的形式叙述和说明。一般来讲,计划包括标题、正文、落款三个部分。

1. 标题

计划的标题一般要包括单位名称、适用期限、计划内容和文种,也可以省略某些要素,但必须包括计划内容和文种。如"××技师学院 2014—2015 学年度教学工作计划""2015 年学习计划""科研工作计划"等。

2. 正文

(1)前言。简明扼要地写清楚制订计划的目的和要求、指导思想、理论依据等。一般用"为了……""根据……"之类的介词结构起句,然后用"为此,特制订计划如下"等过渡语转入主体部分。

(2)目标。回答"做什么"的问题,提出明确的目标、主要的任务。

(3)步骤和措施。步骤是指工作的程序和时间安排,先做什么,后做什么,必须写得合情合理。措施是指达到既定目标需要采取什么方法,动员哪些力量,创造哪些条件等。

(4)结语。在正文末尾提出希望和号召。这部分可写可不写。

3. 落款

落款主要包括制订计划的单位或个人的名称、日期两项内容。标题已有单位名称的,落款处可只写制订计划的日期。

二、示例

试用期学习工作计划

为了尽快适应职场生活,增强工作的主动性,顺利通过试用期的考核,制订试用期工作计划如下:

一、目标

通过为期三个月的试用期工作,理解公司的经营理念,初步知悉公司的经营模式,适应工作岗位;认识同部门的所有人,与同事建立起和谐的人际关系,树立勤快、好学、踏实的职场新

人形象。

二、工作安排

(1)在10天内认识同部门的所有人,在30天内认识与工作有关系的绝大多数人,争取让我认识的人也认识我。

(2)第一个月对公司相关资料进行研究学习,熟悉公司的相关制度和工作流程,了解公司的情况,熟悉并适应工作环境。

(3)加强个人专业技能训练,进一步提高计算机录入速度,业余时间阅读专业书籍两本,提高工作业务能力。

三、措施

(1)摆正心态,虚心接受别人的建议,努力完善自己。

(2)做事有始有终,干活不挑不拣,不计较分内与分外的工作,力求干好任何一件小事。

(3)培养业余爱好,重视体育锻炼,增强身体与心理素质。

(4)休息时间多与领导、同事交流,增强团队意识,尽快融入工作团队。

陈政浩

2014年6月

1. 计划内涵广泛,日常工作中用到的规划、设想、要点、方案、安排等也都属于计划的范畴。

2. 制订计划一定要从实际出发,量力而行,目标不应设定得过高或过低。

3. 计划步骤写得越具体明确,操作性就越强。

写作实训

综合自己的实际情况,制订一份语文学习计划。

任务6 书写总结

陈政浩入职以来,由于工作认真负责,业务能力较强,获得了领导与同事们的认可。为了搞好元旦期间的促销活动,公司从各个部门抽调人员组成项目组,陈政浩代表男装部加入了这个小组。从制订促销活动方案开始,到整个活动实施的各个环节,他都表现得非常出色。活动结束后,公司要求对各部门这次促销活动进行总结,得出经验与教训,以利于今后工作的开展。

一、总结的概念

总结是对前一段的实践活动进行回顾和分析,从中提炼经验,找出教训,从而形成的书面材料，目的是能够更好地指导今后的工作。

二、总结的特点

1. 客观性

客观事实是总结的基础，写总结要以实际工作活动为依据作客观分析，因此总结应具有客观性。

2. 理论性

由于总结不是对过去活动的简单“复述”，必须提炼出规律性的东西，所以它还具有理论性。

实训操作

陈政浩从取得的经验、存在的问题两个方面对这次促销活动进行了认真的分析，做好了今后的打算后，才开始动笔写这份总结。

一、写法

总结，一般包括标题、正文、落款三部分。

1. 标题

总结的标题主要有两种：一种包括单位名称、时限、内容和文种，如《××学校创先争优活动总结》，内容和文种必须出现在这种形式的标题中；另一种是文章式标题，即只概括主要内容或揭示主题，不出现“总结”字样，如《深入开展“五五”行动，大力推进创先争优》。

2. 正文

(1)前言。简明扼要地概述基本情况，交代工作、生产、学习等活动的目的、依据、时间、背景等，点明主旨或说明成绩。一般用“现将有关工作具体总结如下”“我们主要开展了以下几方面的工作”等过渡语转入主体部分。

(2)主体。主要写明取得的成绩和经验，问题和教训，对今后的打算，要在全面回顾工作情况的基础上，分析取得成绩的原因与做法以及存在的问题，揭示出工作中带有规律性的东西。

3. 落款

包括写作总结的单位或个人的名称、日期两项内容。标题中已有单位名称的，落款处可只写进行总结的日期。

二、示例

元旦促销活动总结

今年元旦期间的促销活动从2014年12月31日至2015年1月3日，为期4天。除去节日期间的自然增长，销售额实际增长率达到了28%。现将有关情况具体总结如下：

一、活动成果及主要内容

(1)精心制订活动方案。从活动时间、活动宣传、礼品设计、执行人、效果预估、费用控制

等多方面对促销活动进行策划，以保证活动的顺利开展。

(2)认真选择平台宣传。联系了三家刊物进行宣传，并制作了展板和展架，进行了广泛的宣传与推广。

(3)细分责任落实到人。为了避免在促销过程中出现流程失控，特落实了明确的岗位职责、培训手册对参与促销的所有人员进行培训，让执行者明确自己所扮演的角色，了解活动期间每天的具体工作流程以及要填报的信息表单，并且制订了相应的奖惩方法。

(4)注重强化过程管理。在各岗位，各工作环节之间建立了管理表单，包括促销员工作日报表、促销日程表、促销效果检核表、促销费用支出单等。疏通检核、督办渠道，提升危机预警及处理能力。

二、存在的问题

(1)宣传范围不够广泛，目标群体偏离。本次选择的媒体平台知名度不是很高，与目标群体有所偏离。

(2)礼品发放数量估计不准。本次促销活动，礼品实际发放数量比估计数量少了30%，在估计礼品发放数量时参考了畅销品牌销售记录，然而几家畅销品牌却没有参加这次活动，影响了活动效果，礼品也准备过多。

(3)营销部门与职能部门沟通不足。各楼层部分专厅没能及时将促销信息反馈给企划部，致使活动方案漏掉了个别专厅活动，品牌顾客减少，影响了销售额。

今后的促销活动应该注重对市场背景的调查，制订周密的计划，强调各部门之间的配合，加大执行力度。

××百货市场部

2015年1月8日

学习思考

1. 总结是总结类文书常用的名称，它有时还被称为“小结”“回顾”“体会”“经验”等。
2. 写作总结需要充分占有材料，实事求是地反映情况。
3. 认真分析材料，找出规律性的东西。
4. 总结过去是为了指导未来，所以应在总结的最后写出今后的打算或努力的方向。

写作实训

1. 写作总结时，应该从前阶段工作中提炼出哪些方面的内容，以利于今后工作的开展。
2. 请对你班最近一次班会活动进行总结。

任务7 书写条据

任务情景

2014年3月6日(星期二)早晨，长丰医疗器械公司财务部助理陈小刚于早上8:30准时到公司上班。他先到行政部领取了 10 本 18 栏明细账本和两个印台，然后回到财务部接收各营业部的年度财务报表。这时，他接到妈妈的电话：爸爸突然中风送医院了，妈妈正在省人民医院等他拿钱去办理入院手续。

于是，陈小刚把前往中金审计师事务所领取公司的审计报告的事委托给同事曾蓉，然后征得领导同意，在公司出纳处借了 10000 元现金，并写了请假条给财务部张经理后，又到银行取出了自己的 15000 元存款就直奔省人民医院。

到了医院后，他才知道办理住院手续要交 30000 元，于是想到了家住省人民医院不远的表哥。等他赶到表哥家时已经是 11 点了，不巧的是表哥正好外出了。他匆匆地写下一张请表哥帮忙筹钱的纸条后又回到医院。由于在城里没有别的亲戚，表哥又一时联系不上，他急出了一身汗。这时，他突然想起该医院主管财务的陈敏副院长和他曾经开过一次研讨会，而且与他是同乡。在陈副院长的帮助下，陈小刚终于为父亲办理好了入院手续，不足的那 5000 元钱则由陈副院长担保，由陈小刚向医院签下字据。

事情紧急，陈小刚快速办理好请假手续，又跟同事交接完工作，就匆匆赶去照料病重的父亲了，其间还要想尽各种办法筹集办理住院手续所需的钱。

同学们，陈小刚这一天需要完成哪些条据写作呢？

知识链接

一、条据的概念

条据是作为某种凭据的便条。它是日常生活中最常见而又最简便的应用文。常用的条据有请假条、留言条、收条、借条、领条等。

二、条据的种类

条据可分为凭据类和说明类条据两类。

(1)凭据类条据有：领条、收条、借条、欠条。

(2)说明类条据有：托事条、请假条、留言条。

三、条据的写法和要求

1. 标题

在第一行中间写“收条”“领条”“欠条”“借条”“今收到”“今领到”等，表明条据的性质。如果是代收或代领等，则应在“收到”或“领到”等的前面加上一个“代”字。

2. 正文

第二行开头写对方(个人或单位)的名字或名称，然后写清物件名称、数量或金额及事由等内容。数量、金额均要用大写数字书写，金额后面要写上“整”字，以防添加或涂改。

正文写完后，另起一行，空两格写“此据”二字，也可省略不写。

3. 落款

在条据的右下方写明所在单位的名称和经手人姓名(盖章)，以及立下条据时的年月日。

实训操作

一、请假条、借条及领条的写法

1. 请假条

第一行居中写上“请假条”为标题,下面一行顶格写对方称呼,后面加冒号,再另起一行空两格写正文。正文结束后另起一行空两格写“此致”,然后在另起一行顶格写“敬礼”,以示礼貌。最后,在右下角署名并在署名下方写上具体时间。

2. 借条

在正文上方居中写上“借条”或“今借到”为标题。正文写明从哪里得到什么财物或钱款,写清数量、品种、型号、式样、规格等,写明归还的具体日期或大致时间。落款要写上借条者的单位名称和经手人姓名,必要时加盖公(私)章。在署名下方写上借钱物的具体时间,年月日写齐备。

3. 领条

居中写上“领条”或“今领到”为标题。正文另起一行空两格写起。主要写明从哪里领取,领取什么,数目多少,写清数量、品种、型号、式样、规格等。落款要写上领条者的单位名称和经手人姓名,必要时加盖公(私)章。在署名下方写上领物的具体时间,年月日要写齐备。

二、示例

请　假　条

张经理:

由于我父亲突然中风入院,急等我送钱过去办理住院手续,需请假半天,请予批准为盼!

陈小刚

2014年3月6日

借　　条

今借到长丰医疗器械公司人民币壹万元整,半年内归还。

此据

立据人:陈小刚

2014年3月6日

领　　条

今领到公司行政部配发的18栏明细账本壹拾本,印台贰个。

此据

经手人:陈小刚

2014年3月6日

学习思考

1. 请假条

请假条一般应在事先写好，及时送给有关负责人；如果事发突然来不及写，事后一定及时补上。

2. 借条

借据所列钱物归还后，一定要把借条收回并撕毁。

3. 领条

领条和收条都可以作为收到钱款的凭证，但如果是他人送来或归还的东西，应该出具收条而不出具领条。

写作实训

1. 陈小刚还有收条、欠条、留言条、托事条没有完成，请你以他的身份完成这些条据的书写。

2. 下面这幅漫画反映出人们写作条据存在哪些问题？

参考文献

[1]墨思客工作室．Word 经典应用实例[M]．北京:化学工业出版社,2009.

[2]墨思客工作室．Excel 经典应用实例[M]．北京:化学工业出版社,2009.

[3]马成荣．计算机应用基础[M]．南京:江苏科学技术出版社,2009.

[4]张学勇．计算机应用基础项目式教程[M]．北京:机械工业出版社,2010.